Rudolf Wallners
SCHMUNZEL-VERDI

Rudolf Wallners

SCHMUNZEL-VERDI

Das gesamte Bühnenschaffen des
großen Komponisten in dichterischer Form

Ein ganz besonderer „Opernführer"

VERLAG JOHANNES HEYN

Bibliografische Information Der Deutschen Bibliothek
Die Deutsche Bibliothek verzeichnet diese Publikation
in der Deutschen Nationalbibliografie;
detaillierte bibliografische Daten sind im Internet über
http://dnb.ddb.de abrufbar

Gedruckt auf EOS 1,75f
Schrift: ITC Garamond light, 11 Punkt
Titel: Bauer Bodoni, 16,5 Punkt

© by Verlag Johannes Heyn
Klagenfurt, 2002
Druck: Druckerei Theiss GmbH, A-9431 St. Stefan
ISBN 3-7084-0000-3

Vorwort

Die Oper ist eine ernste Angelegenheit – oder vielleicht doch nicht? Der Kenner der Materie wird einwenden, dass auch in der heiteren Oper genügend Schlimmes passiert. Da wird nach Herzenslust gelogen und betrogen, ja und selbst im harmlosesten Werk, Humperdincks „Hänsel und Gretel", ermorden Kinder die Hexe von hinten! Andererseits birgt auch die ernste, dramatische Oper eine gewisse Heiterkeit, wenn auch meist unfreiwillig: Logik und Glaubwürdigkeit des gezeigten Geschehens kommen nicht selten unter die Räder, so manche Handlung wirkt bei aller Pathetik geradezu grotesk-komisch.

Genau das ist der Stoff, aus dem dieses Büchlein besteht. Auf humorvolle Weise wird der Inhalt aller 27 Opern Giuseppe Verdis in eine poetische Form gebracht, wobei aus jeder Zeile eine feine Ironie spricht – ebenso wie des Autors innige Liebe zu dieser Kunstform.

Verdis vollständiges Bühnenschaffen ist ein erster Schritt zu einem umfassenden dichterischen Opernführer. Vielleicht folgen diesem ersten Schritt weitere: die Bühnenwerke Giacomo Puccinis, Richard Wagners, Richard Strauss', russische Oper, französische Oper… Arbeit genug also für die nächsten zweihundert Jahre!

1. OBERTO, CONTE DI SAN BONIFACIO

Drama in zwei Akten
Text von Temistocle Solera
Uraufführung: 17. November 1839, Teatro alla Scala, Milano

Im Veneto, in einem kleinen Städtchen,
verliebt ein Graf sich in ein junges Mädchen,
verführt es und lässt's gleich drauf wieder steh'n.
Doch das ist in der Oper nicht zu seh'n,
denn all das am Beginn von dem Gedichte
behandelt erst der Handlung Vorgeschichte.

Die eigentliche Opernstory dann,
die fängt erst mit des Grafen Hochzeit an:
Die Braut, die junge, hübsche, herzensgute,
ist ebenfalls von adeligem Blute.
Dass sie von seiner Schandtat ganz und gar
nicht die geringste Ahnung hat, ist klar.
Grad will sie sich zum Traualtar bewegen,
da tritt die andre Maid ihr schnell entgegen.
„He, wart!", ruft sie und setzt dann noch hinzu:
„Weißt eh, dein Bräutigam ist ein Filou.
Der hatte einst die Ehe mir versprochen,
mich dann geschändet und sein Wort gebrochen."
Jetzt würde man erwarten, die zwei Frau'n,
die werden gleich daran geh'n sich zu hau'n.
Doch weit gefehlt, sie sind sich sofort einig:
Des Bräutigams Verhalten, das war schweinig!
Die Braut gibt rasch der anderen das Wort:
„Verlass dich drauf, den Kerl jag' ich fort!"
Da ruft der Vater vom entehrten Mädel:
„Ich hau' jetzt dem Verführer ein den Schädel!"
Schnell sind die Männer zum Duell gestellt,
's folgt ein Ensemble und der Vorhang fällt.

Die Braut, die pfaucht ganz schön, gleich nach der Pause:
„Du heirat'st jetzt die andre, du Banause!
So stellst du ihre Ehre wieder her
und wahrst auch dein Gesicht, was willst denn mehr?"
Doch dann nimmt das Gescheh'n noch eine Wende,
sonst hätt' die Oper ja ein gutes Ende:
Der Treulose ersticht doch glatt blitzschnell
den Vater der Verführten im Duell.
Doch das ist leider unsichtbar geschehen
und nicht einmal der Leichnam ist zu sehen.
Der Mörder singt mit schmachtend-weichem Ton
schnell eine Arie und stürzt davon.
Er schickt noch einen Brief mit lieben Grüßen,
drin steht: „Ich hätt' ja ins Gefängnis müssen.
Nachdem ich das nicht wollte ganz und gar,
geh' ich für immer nach Amerika!"

Jetzt sind noch die zwei Damen auf der Bühne.
Die eine will als Nonne – so zur Sühne –
der Welt entfliehen in ein Ordenshaus.
Tschinn bumm, der Vorhang fällt, das Werk ist aus.

**Man applaudiert und denkt am nächsten Tage
vielleicht noch immer nach über die Frage:
„Was ist denn mit der anderen passiert?"
Leider hat Verdi das nicht komponiert!**

2. UN GIORNO DI REGNO

Melodramma giocoso in zwei Akten
Text von Felice Romani
Uraufführung: 5. September 1840, Teatro alla Scala, Milano

Die Oper handelt von zwei jungen Paaren,
die beide kurz vor ihrer Hochzeit waren.
Wir nennen hier die Damen **A** und **B**,
ihre Verlobten einfach **C** und **D**.
Das sollte helfen, möchte ich betonen,
dass man nicht gleich verwechselt die Personen:
Die Dame **A**, damit man's recht versteh',
gehörte zu Herrn **C**, die **B** zum **D**.
Doch mit den Männern ist es komplizierter,
da kommt hinzu ein 3. und ein 4.
Auf dass man hier die Sache richtig treff',
bezeichnen wir die zwei als **E** und **F**.

Nun war die Dame **A** dem **E** gewogen,
die **B** fühlte zum **F** sich hingezogen.
Der **F** beschloss spontan: „Ich helf' dem **E**!",
besprach sich kurzerhand drum mit dem **C**:
„Sei doch gescheit und lass die **A**, du Blödel,
ich hab' für dich ein superreiches Mädel!"
Doch diese Frau – das wäre dann die **G** –
die gab's gar nicht; die Sache war ein Schmäh!
Der **C** doch war bereit, drauf einzugehen
und ließ für diese **G** die **A** gleich stehen.
Ihr Vater – **H** – wollt' nicht, dass das gescheh'
und forderte drum zum Duell den **C**.
Dem **F** konnt' es mit Müh und Not gelingen,
den **H** von diesem Plane abzubringen.

Nun war die Sache die, dass dieser **F**
inkognito vertrat den Landeschef,
da der – das wär' der **I** jetzt – ganz verstohlen
grad dienstlich auf dem Wege war nach Polen.
So dachte denn der **F**: „Nun, wenn das geht,
benütz' ich auch des **I**' Autorität!"
Die **B** jedoch beeindruckte das wenig,
sie wusst': Der **F** war nicht der echte König!
Damit der jetzt vor Eifersucht vergeh',
sprach sie: „Ich werd' d o c h heiraten den **D**,
es sei denn, es würd' heute noch geschehen,
dass ich könnt meinen Liebsten wiedersehen!"
Das war der **F**, der dacht': „Das schaff ich nie!"
(Er spielte ja offiziell den **I**!)

Ein Brief enthob den **F** von diesen Sorgen,
drin schrieb der **I**: „Mein Freund, seit heute Morgen
bin ich in Warschau. Alles ist tipp topp.
Ich mach' ab morgen wieder meinen Job!"
Der **F** dacht': „Eh' zu End' das Königsmärchen,
werd' ich's noch richten für das junge Pärchen!"
Und er befahl die Hochzeit **A** mit **E**
(da war natürlich arg enttäuscht der **C**).
Und auch der **F** bekam die richt'ge Dame,
die **B**, die ja schon lange seine Flamme.
„Nun, ich gesteh's: Der König war ich nie",
sprach er, „ich bin der **F** und nicht der **I**!"

Die Oper endet mit zwei Hochzeitspaaren,
die endlich miteinander glücklich waren.

Die Handlung ist gar schwierig und extrem,
doch hilft uns ja das Buchstabensystem,
das überaus verwirrende Geschehen
mit einem Blick problemlos zu verstehen!

Personenspiegel:

A: **Giulietta**, Tochter von **H**, verlobt mit **C**, verliebt in **E**
B: die **Marchesa**, Nichte von **H**, verlobt mit **D**, verliebt in **F**
C: Schatzmeister **La Rocca**, Onkel von **E**, verlobt mit **A**
D: **Conte d'Ivrea**, verlobt mit **B**
E: **Edoardo**, Neffe von **C**, verliebt in **A**
F: Chavalier **Belfiore**, spielt den **I**, verliebt in **B**
G: (erfundene) reiche **Prinzessin** (tritt nicht auf)
H: Baron **Kelbar**, Vater von **A**, Onkel von **B**
I: der echte **König** (tritt nicht auf)

3. NABUCCO

Lyrisches Drama in vier Teilen
Text von Temistocle Solera
Uraufführung: 9. März 1842, Teatro alla Scala, Milano

Die Bibelchronik spricht von einem Krieg,
in welchem B a b y l o n errang den Sieg
und die H e b r ä e r waren die Verlierer,
das Land zerstört, gefangen ihre Führer.
Der Siegerkönig aber rief ganz flott
vor allem Volke selbst sich aus zum G o t t !
Da fuhr plötzlich ein Blitz vom Himmel nieder
und lähmte ihm das Hirn und auch die Glieder.
Er war zum Herrschen nimmer recht beinand,
verbrachte lange Zeit im Krankenstand.
Als er dann doch zum Beten kniete nieder,
da kehrte gleich ihm die Gesundheit wieder.
Und damit schließt der biblische Bericht.
(Was weiter noch geschah, erfährt man nicht.)

Um daraus einen O p e r n s t o f f zu machen,
bedurft' es ein paar zusätzlicher Sachen.
Und da es hier gewisse Regeln gibt,
war das nicht schwer (man war schließlich geübt).

Wie sich's gehört für eine Opernhandlung,
erfand zunächst man eine H e r z v e r b a n d l u n g :
Des Siegers Tochter ist in Lieb' vereint
mit einem jungen, feschen Mann vom Feind.
Der wird auch gleich von seinem Volk verachtet,
als schändlicher Verräter gar betrachtet.
Der König hat noch eine z w e i t e Maid,
die draufkommt nach einer gewissen Zeit,
dass sie gar nicht so sehr von edlem Blute.
Da wird ihr etwas mulmig jetzt zumute,
doch sie sagt rasch: „Was soll's? Mir ist es recht,
der Vater ist ja grad außer Gefecht.

Und wenn ich niemals ‚Königin' darf heißen,
dann werd ich ihm die Herrschaft halt entreißen!"
Gesagt, getan: Sie bringt die Macht an sich
und rächt sich an den Feinden fürchterlich:
Die Juden alle soll'n zu Tode kommen!
Da wär' die Schwester auch nicht ausgenommen,
ist die doch mit dem Feindesmann liiert
und gar zu dessen Glauben konvertiert!

Und das ist in der Oper der Moment,
da der lädierte König doch erkennt:
„Wenn ich mich jetzt nicht auf die Füße stelle,
dann geht's mit mir den Berg hinab ganz schnelle!"

Er wendet sich an Gott nun im Gebet,
erklärt dem Höchsten, wie es um ihn steht
und kaum, dass er die Stimme hat erhoben,
genesen Geist und Körper (siehe oben).
Für e i n e Tochter ist zu End' die Not,
die a n d e r e fällt nieder und ist tot.
Ganz Babylon erhebt zu Gott die Hände.
Man applaudiert, die Oper ist zu Ende.

Im Bibelbuch sind's ein paar Zeilen bloß,
doch auf der Bühne ist ganz schön was los!
Und wenn das noch garniert ist mit Duetten,
mit Arien, Märschen, Chören und Terzetten,
zählt's, auch wenn's immer wieder kostet Geld,
für uns einfach zum Schönsten auf der Welt!

4. I LOMBARDI ALLA PRIMA CROCIATA

Oper in vier Akten
Text von Temistocle Solera
Uraufführung: 11. Februar 1843, Teatro alla Scala, Milano

Ein Mädchen hat ein Brüderpaar als Freier.
Wer denkt: „Das gibt jetzt einen flotten Dreier!",
der irrt; es fällt der Kleinen gar nicht ein,
sie liebt nämlich nur einen von den zwei'n!
Der andre will darauf in seinen Nöten
den brüderlichen Liebesfeind glatt töten,
geht aber da so ungeschickt zu Rand,
dass das missglückt und man ihn gleich verbannt.
Nach Jahren des Exils und der Entwöhnung
kommt's in der Heimat wieder zur Versöhnung.
Doch das ist jetzt nur Show, denn – wie fatal! –
der Mann versucht den Mord ein zweites Mal!
Und abermals versaut das Attentat er,
er murkst irrtümlich ab den eig'nen Vater.
Drauf schickt man ihn, auch wenn er's selbst nicht will,
sogleich ein zweites Mal in das Exil.

So ist er in den Orient gekommen,
spielt einen Gottesmann dort, einen frommen.
Und wie man sich natürlich denken kann,
kommt auch sein Bruder bald darauf dort an,
klopft gleich ans Tor des falschen Eremiten,
um ihn um einen Segensspruch zu bitten,
wobei der i h n wohl, das sei auch erwähnt,
nicht e r jedoch den a n d e r e n erkennt.
Nachdem's vom Mörder, diesem schwarzen Schafe,
schon klar ist, fragt man sich, warum der Brave,
der edel ist und ein recht guter Christ,
denn ebenfalls hierher gekommen ist.
Man hört: Der will mit einer Schar von Spezeln
die Andersgläubigen zu Tode metzeln!

Damit verkompliziert sich jetzt die G'schicht',
denn ob man's glauben möchte oder nicht,
sein Töchterchen hat, so kommt's uns zu Ohren,
das Herz an einen Moslem-Mann verloren.
Des Muselmanen Mutter wieder ist
ganz heimlich konvertiert und jetzt ein Christ!
Der Vater möcht' die eig'ne Tochter killen
des Pantscherls mit dem Muselmanen willen,
doch da ergreift sein Bruder schnell das Wort,
vereitelt kurz entschlossen diesen Mord.

Der Jüngling will jetzt, seinem Girl zu Ehren,
sich ebenfalls zum Christentum bekehren.
Des Mädels Vater jagt ihn barsch davon
und schreit: „Ich will dich nicht zum Schwiegersohn!",
versetzt ihm eine tödlich-schwere Wunde,
doch wird der Bursch in seiner letzten Stunde,
indes sein Mädchen sich die Haare rauft,
vom Mörder-Onkel noch ganz g'schwind getauft.

Der kriegt im Kampf dann auch noch seine Hiebe
(es wär' doch arg, wenn der am Leben bliebe!),
wobei, als er dann stirbt, in dem Moment
jetzt endlich auch sein Bruder ihn erkennt.
Der hatte ja geplant, für das Verbrechen,
den Vatermord, am Bruder sich zu rächen.
„Verflixt", ruft er da aus in seiner Not,
„ich wollt' ihn töten, doch jetzt ist er tot!"

Der Kampf beginnt, die christlichen Strategen
erkennen gleich: Der Feind ist unterlegen
und danken Gott in brünstigem Gebet,
dass nichts dem Massenmord im Weg mehr steht.

Man applaudiert, geht froh, beglückt nach Hause
und es erkennt selbst der Musik-Banause:
Nur eine Verdi-Oper ganz allein
kann so verständlich, klar und logisch sein!

5. ERNANI
(Die nummerierten Freier)

Oper in vier Akten
Text von Francesco Maria Piave
nach Victor Hugos „Hernani ou l'honneur castillan"
Uraufführung: 9. März 1844, Gran Teatro La Fenice, Venezia

Ein König brachte einst gar dreist und kecke
einen Politrivalen um die Ecke,
worauf sich dessen Sohn spontan entschloss
zu einem Putsch gegen den Landesboss.
Und weil dabei ihn niemand sollt' erkennen,
beschloss er, nur „Ernani" sich zu nennen.
Der Plan war gut, doch wurd' es ein Verhau
und schuld dran war natürlich eine Frau.
Genug nicht, dass die Maid, die er verehrte,
ein **ZWEITER** Freier ebenfalls begehrte.
Es gab da einen **DRITTEN** Mann sogar,
wobei das just der König selber war.

Zunächst schien's gut zu laufen für den **ZWEITEN**,
der wollte schon die Hochzeit vorbereiten.
Da trat der **DRITTE** zu der Frau hinein
und rief entschlossen: „Halt, das darf nicht sein!"
Doch plötzlich stand der **ERSTE** auch im Zimmer
und schrie: „Du kriegst das Mädchen nie und nimmer!"
Wen sah man kurz drauf durch die Türe schreiten?
Na ja, wie könnt' es anders sein: den **ZWEITEN**!
Der ließ jetzt offen seinen Unmut frei
über die Kandidaten **EINS** und **DREI**.
Der **DRITTE** sprach: „Mein Freund, das hilft dir wenig,
ich bin nicht irgendwer, sondern der König!"
Das war ein Pech auch für den **ERSTEN** Mann.
Der trat zunächst einmal den Rückzug an,
erschien jedoch schon nach ganz kurzen Zeiten
als Mönch getarnt wieder im Haus des **ZWEITEN**.
Kurz drauf stand auch der **DRITTE** vor der Tür
und fragte: „Bitt' schön, ist der **ERSTE** hier?"

Der **ZWEITE** konnte diesen vor den Schergen
des **DRITTEN** grad mit Müh' und Not verbergen.
„Na wartet nur", sprach der, „Betrüger ihr,
dafür nehm' ich das Mädel jetzt mit mir!"
So blickten denn im Kampf um diese Göre
der **ERSTE** und der **ZWEITE** in die Röhre.

P o l i t i s c h waren Freier **EINS** und **ZWEI**
vereint gegen den Freier Nummer **DREI**,
p r i v a t doch konnt' sich keiner dran gewöhnen,
die Frau dem jeweils anderen zu gönnen.
Und dieser Sachverhalt brachte zu Tag'
der Welt wohl eigenartigsten Vertrag:

Der **ERSTE** sprach zum **ZWEITEN**: „Lass mich gehen,
das Mädchen retten, einmal sie noch sehen.
Wenn das erfüllt, gehört mein Leben dir.
Als Pfand kriegst du das Blasinstrument hier,
und wenn du gerne hätt'st, dass ich mich töte,
dann spielst halt einen Ton auf der Trompete!"

Der **DRITTE** Liebhaber stieg bald darauf
zu eines Weltimperiums Kaiser auf.
Nun stritten **EINS** und **ZWEI** der Frage willen,
wer denn von ihnen nun die **DREI** würd' killen.
„I c h möcht' das tun, das wär' mein größtes Glück,
von mir aus kriegst die Tute auch zurück!"
Doch konnte selbst dies Angebot des **ZWEITEN**
dem **ERSTEN** keine Freude mehr bereiten.
Der **DRITTE** nahm die Dissidenten fest
und rief entschlossen: „Ab in den Arrest!"
„Halt!", schrie der **ERSTE**, „ich bin nicht dein Schani,
ich bin ein Graf und heiß gar nicht Ernani!"
„Du wirst bestraft, denn du bist ein Bandit!",
teilte der **DRITTE** nun dem **ERSTEN** mit.
Der Maid wollte darob das Herz schier bersten.
Sie rief entsetzt: „Ich liebe doch den **ERSTEN**!"
Da ward das Herz des **DRITTEN** plötzlich weich:
„Gut, Schwamm darüber, ich vergebe euch!"

Kurz drauf der **ERSTE** dann das Mädel freite.
Da war natürlich arg enttäuscht der **ZWEITE**.
Das Pärchen, das war selig jetzt vor Glück.
Es kam gerad' vom Standesamt zurück,
war kaum in seiner Wohnung, in der neuen,
begann sich auf die Hochzeitsnacht zu freuen,
da wurde jäh gebremst sein Übermut,
denn aus dem Hintergrund erklang es „Tuuuut".
Der **ERSTE** hatt' aus lauter Freud vor Zeiten
schon ganz und gar vergessen auf den **ZWEITEN**.
„Grad jetzt!", rief er, „das ist ja doch zu dumm,
aber wenn's sein muss, bring' ich mich halt um!"
Und so bekam das Girl – wie's Opernsitte –
weder der **ERSTE** noch der **ZWEIT'** und **DRITTE**.

Die Story scheint zunächst recht kompliziert,
doch nicht, wenn man sich eins vor Augen führt:
Des Mädchens Freier sind ja eh nur drei
und die kriegt man doch sicher auf die Reihe.
Man muss es nur vermeiden unbedingt,
dass man die Nummern durcheinander bringt!

6. I DUE FOSCARI

Lyrische Tragödie in drei Akten
Text von Francesco Maria Piave nach der Tragödie von Lord Byron
Uraufführung: 3. Novembre 1844, Teatro Argentina, Roma

Man fragt sich oft: „Was ist denn Politik?
Wo liegt ihr Sinn, was kann sie uns bescheren?"
Der Inhalt einer O p e r hilft zum Glück,
all' diese Fragen eindeutig zu klären.

Ein Staatschef steht darin im Mittelpunkt,
der herrscht gerecht und von Konflikten frei,
bis eines Tages ihm dazwischenfunkt
ein Ratsherr von der anderen Partei.

Nachdem man dessen Vater umgebracht,
sagt der: „Ich glaube, diese fiese Sache,
die hat mein Feind, der Präsident gemacht!"
und schwört deshalb der ganzen Sippschaft Rache.

Das erste Opfer ist des Staatschefs Sohn.
Der wird schnell der Bestechung angeklagt,
dann jagt man ihn in das Exil davon
(zu Unrecht, doch danach wird nicht gefragt).

Nun ist der junge Mann zurückgekehrt,
die Gattin zu besuchen ganz geheim.
Er glaubt, dass davon niemand was erfährt
und geht dem Feind gleich nochmals auf den Leim:

Es wurde nämlich just in selber Nacht,
als er daheim grad schlief in aller Ruhe,
ein Mann der Feind-Partei ums Eck gebracht.
Das schiebt man ihm brutal jetzt in die Schuhe.

Man stellt ihn wegen Mordes vor Gericht,
dabei hat er von alldem keine Ahnung.
Das aber kümmert seine Richter nicht.
Das Urteil lautet: „Lebenslang Verbannung!"

Als seine Frau dann mit dem Staatschef spricht,
erbost über solch' ungerechte Sachen,
gibt der ihr die erhoffte Hilfe nicht.
„Mein Kind", sagt er, „da kann ich gar nichts machen!"

Der Präsidentensohn wird abgeführt,
per Schiff rasch in ein fernes Land gebracht.
Die Gegner freuen sich ganz ungeniert:
„Das haben wir jetzt wieder schlau gemacht!"

Auf einmal doch scheint sich das Blatt zu wenden:
's kommt raus: da stand der Falsche vor Gericht!
Der Krimi könnte glatt noch glimpflich enden,
doch das gibt's in der Oper freilich nicht!

Dem Staatschef wird gemeldet, dass sein Sohn
die Fahrt in das Exil nicht überlebt'.
Die Feind-Partei, die jubelt voller Hohn,
weil nun ein Machtwechsel im Raume schwebt.

Ganz ungerührt sagt man dem Präsidenten:
„Du bist deinen Regierungssessel los
und wirst mit heut'gem Tag den Job beenden,
denn unsere Partei stellt jetzt den Boss!"

Nun ist aber ein solch' perfides Spiel,
wo einer nur den anderen verdirbt,
selbst für einen Politprofi zu viel.
Der Alte ringt nach Luft, fällt um und stirbt.

Wer sind nun die, die in der Politik
nach hohen, einflussreichen Posten streben?
Nach dieser Oper können wir zum Glück
ganz zweifelsfrei darauf die Antwort geben:

Politiker sind gar nicht zu beneiden,
sie rackern Tag und Nacht für wenig Geld
zum Wohl des Volks, sind edel und bescheiden.
Es ist der anstrengendste Job der Welt!

7. GIOVANNA D'ARCO

Lyrisches Drama in einem Prolog und drei Akten
Text von Temistocle Solera
nach Friedrich Schillers Drama „Die Jungfrau von Orleans"
Uraufführung: 15. Februar 1845, Teatro alla Scala, Milano

Prolog:

In einem Krieg, da kämpften einst zwei **Länder**
mit aller Vehemenz **gegeneinänder**:
Die Engländer, die waren da die **Bösen**,
die Guten dahingegen die **Französen**.
Nun hatte deren König einen **Traum**,
in dem ein Mädchen ihm **entgegenkaum**.
Das sprach: „Du musst dich meiner Führung **beugen**,
nur so kannst du die Engländer **beseugen**!"
Kaum war er wach, kam das besagte **Mädel**
ihm tatsächlich in Fleisch und Blut **entgedel**.
Der König bat es gleich: „Führ uns im **Kampf**!"
und übertrug ihm die **Befehlsgewampf**.
Ihr Vater, der belauscht hatte das **Schwätzchen**,
der hielt die beiden für ein **Liebespätzchen**.

1. Akt:

Im Kampf dann alle auf das Mädchen **hörten**,
sodass die Engländer den Krieg **verlörten**.
Der Heldin Vater aber war **stinksauer**.
Anstatt sich über diesen Sieg zu **frauer**,
tat er sich glatt zusammen mit dem **Feind**,
vor Hass gegen den König taub und **bleind**:
„Der hat mit meiner Tochter sich **verbandelt**
und damit unser Vaterland **verrandelt**!
Ich werde deshalb jetzt für England **kämpfen**,
um diese zwei Verräter zu **beströmpfen**!"
Als dann der König plötzlich ziemlich **plump**
der Maid tatsächlich seine Lieb' **gestump**,
war die, wie sich's begann schon **abzuzeichnen**,
nah dran, von ihrer Sendung **abzuweichnen**.

2. Akt:

Am Sonntag kam das ominöse **Pärchen**
vom Gottesdienst gerade aus der **Kärchen**,
da trat den zwei'n ihr Vater barsch **entgegen**
und rief: „Ich kann die Schand' nicht mehr **erträgen**.
Der Sieg hatte mit Gott gar nichts zu **tun**.
Was meine Tochter macht, ist **Zauberun!**"
Da fing des Volkes Stimmung an zu **wechseln**.
Man war gespannt: Was wird die Maid nun **sächseln**?

Doch diese reagierte gleich **beleidigt**
und zog groteskerweise vor, zu **schweidigt**.
Vom Himmel her erklang ein **Donnerschlag**
und für die Menschen war jetzt ziemlich **klag**:
Die Frau, der man einst so viel Glauben **schenkte**,
die war anscheinend wirklich eine **Henkte**!

3. Akt:

Die Arme, an die Feinde **ausgeliefert**,
hat sich dann im Gefängnis **hingekniefert**
und wurde nach ganz innigen **Gebeten**
von ihrem Vater wieder **freigeleten**.
Danach versuchte sie erneut ihr **Glück**
und zog zum zweiten Male in den **Krück**,
begann wie eine Furie zu **kämpfen**
und rettete dem König gar das **Lempfen**.
Die Schlacht ging wieder aus zu Frankreichs **Gunsten**,
sie selbst jedoch war tödlich schwer **verwunsten**
und starb am End' mit einer **Vision**,
die zeigte, dass im Himmel sie **willkon**.

Der Oper Höhepunkt in jedem Faltung
doch ist des Vaters logisch-klare Haltung!

8. ALZIRA

Lyrische Tragödie in einem Prolog und zwei Akten
Text von Salvatore Cammarano nach Voltaires „Alzire ou les américains"
Uraufführung: 12. August 1845, Teatro San Carlo, Napoli

Man nehme Spanier, die nach Kampfe dürsten,
dann einen jungen, stolzen Inkafürsten
und eine Häuptlingstochter, seine Braut,
in die sich just ein Spanier verschaut.
Schon hat man da in etwa den Konflikt,
der Verdis Jugendwerk zugrunde liegt.
Doch wollen wir das hektische Geschehen
der Oper etwas näher jetzt besehen:

Den Inkas, von den Spaniern bezwungen,
ist es mit viel Geschick und List gelungen,
den Führer ihrer Feinde zu entführ'n.
Den will man feierlich nun massakrier'n.
Doch statt ihm 's Fell über den Kopf zu ziehen,
lässt ihn der junge Häuptling einfach fliehen.
Kaum ist er weg, schwört man ihm wieder Rache
(eine nicht grad sehr glaubwürdige Sache!).

Der Gouverneur hat Stellung, Macht und Thron
inzwischen abgetreten an den Sohn.
Und das ist der, bei dem es sich ergibt,
dass er sich in des Häuptlings Braut verliebt,
dabei ist doch das Kind seit vielen Wochen
dem jungen Inkafürsten schon versprochen.
Das Mädchen zetert, jammert, weint und tobt:
„Das will ich nicht, ich bin doch schon verlobt!"

Inzwischen ist der Häuptling – welch Malheur! –
Gefangener vom jungen Gouverneur.
Der triumphiert: „Ich zahl' ihm seinen Lohn!"
und er erzählt dem Vater auch davon.
Doch der ruft „Halt! Denn eines ist gewiss:
Das ist ja der, der mich einst laufen ließ!"
„Gut", sagt sein Sohn, „mir ist es einerlei.
Wenn du das willst, Papa, lass' ich ihn frei."

Der Häuptling ist kurz drauf wieder gefangen
(ohne dass man es weiß, wie's zugegangen).
Da setzt der Gouverneur nun – wie gemein! –
ein Druckmittel gegen das Mädchen ein:
„Mein Kind, dein ‚Ja' zur Hochzeit ist vonnöten.
Wenn du mir das nicht gibst, werd' ich ihn töten!"
Sie denkt: „Wenn ich den Liebsten retten kann,
dann nehm' ich dieses Scheusal halt zum Mann!"

Im Schlussakt dann, da wird es endlich Zeit,
dass sich der Häuptling wieder mal befreit.
Die Tür geht auf, er stürzt sich wie ein Geier
hinein in seines Feindes Hochzeitsfeier,
rammt schnell dem Spanier den Dolch ins Herz.
Der bäumt sich auf und sagt dann voller Schmerz:
„Schon gut, nimm dir das Mädchen, geh mit Gott!"
Er singt noch ein paar Takte und ist tot.

Der diese Horrorstory hat geschrieben,
hat dabei wirklich ganz schön übertrieben.
Und übertroffen hat auf jeden Fall er
die Schmalzgeschichterln von der Frau Courths-Mahler!

9. ATTILA

Lyrisches Drama in einem Prolog und drei Akten
Text von Temistocle Solera
Uraufführung: 17. März 1846, Gran Teatro „La Fenice", Venezia

Von Attila, dem grimmen Hunnenkönig,
weiß man aus der Geschichte viel zu wenig.
Zum Glück kann **Verdis Oper** man genießen
und damit diese Wissenslücke schließen:

Prolog:
Der Wüstling will nach unzähligen Kriegen
mit seinem Heer Italien besiegen.
Da tritt ein Mädchen vor mit bitt'rem Klagen:
„Du Scheusal hast meinen Papa erschlagen!"
Der Feldherr staunt: „Mein Kind, du bist verwegen.
Weißt was", sagt er, „ich schenk dir meinen Degen!"
Das Fräulein ist begeistert von der Sache
und schwört dem Spender sofort bitt're Rache.

Dann schickt der Attila nach seinem Feinde,
dem Chef der Römer-Infanterie-Gemeinde.
Und dieser General kommt ganz verwegen
mit einem kühnen Vorschlag ihm entgegen:
„Von mir aus kannst die ganze Welt verwalten,
ich möchte nur gern Italien behalten!"
„Sag, spinnst?", fragt Attila, als er's vernommen,
„glaubst du, ich bin umsonst hierher gekommen?"

Der Oper erster Teil geht dann behände
im federnden 3/4-Takt zu Ende.

1. Akt:

Vom hübschen, jungen Mädchen mit dem Degen,
da ist jetzt der Verlobte auch zugegen.
Und, wie die beiden im Duette singen,
gibt's nur ein Ziel: den Hunnen umzubringen.
Sie sind sich in der Sache ganz alleinig
in einem Punkt – wer's tun soll – noch nicht einig.

Inzwischen schreckt der Attila voll Kummer
mit einem Ruck aus tiefem, festem Schlummer.
Im Traum, da war ein alter Mann zu sehen,
der blieb vor den Soldaten einfach stehen
und sprach: „Ihr sollt verschwinden, und zwar eilig,
denn dieser Boden hier ist nämlich heilig!"
Als sich das Heer auf Rom zu will bewegen,
kommt die Gestalt ihm tatsächlich entgegen.
Der Attila kriegt gleich die Paralyse
und wirft dem alten Mann sich vor die Füße.

Sehr schön klingt dann am Schluss von diesem Akte
das Chorensemble im 6/8-Takte.

2. Akt:

Tatsächlich ist jetzt Rom verschont geblieben.
Durch Gottes Hand ward Attila vertrieben.
Er sagt: „Bevor wir aufbrechen nach Hause,
spendier ich euch noch einmal eine Jause.
Auch meine Feinde all' nach Strich und Faden
sind auf die Abschiedsparty eingeladen!"
Für die Verschwörer eine tolle Sache.
Sie denken statt ans Feiern nur an Rache.

Der Feldherr will zum Toast die Stimme heben,
da lässt ein Ruf des Mädchens ihn erbeben:
„Halt ein!", schreit sie, „und lass jetzt das Gefasel,
denn wisse: Du hast Gift in deinem Glasel!"

Der Hunne ist bestürzt ob dieser Kunde.
„Dafür habt ihr den Tod verdient, ihr Hunde!
Doch dich, mein Kind", sagt er mit frohem Lachen,
„werd' ich dafür zu meiner Gattin machen!"

Sehr heiter klingt danach in jedem Falle
das 4/4-Allegro-Aktfinale.

3. Akt:

Die Kleine ist gerade frisch vermählet,
da sagt ihr Freund, von Eifersucht gequälet:
„Wir hatten doch gelobt, den Mann zu töten.
War denn die Heirat tatsächlich vonnöten?"
Sie spricht: „Weißt, das ist so mit meiner Rache:
Ich hab geschwor'n, dass ich das selber mache.
Und wenn ich ihm hineinhau'n will das Messer,
dann kann ich's doch als seine Frau viel besser!"

Der Attila kommt, seine Baut zu suchen,
sieht beim Rivalen sie, beginnt zu fluchen:
„Zwei Stunden kaum bist jetzt unter der Hauben
und gehst schon fremd, ich kann's einfach nicht glauben!"
Statt eine Antwort ihrem Mann zu geben,
beginnt das Mädel schnell das Schwert zu heben
und stößt es, einen Fluch auf seinen Lippen,
dem Hunnen bis zum Griff zwischen die Rippen.

Zum Abschluss fröhlich Marschrhythmen erklingen,
wenn alle bei der Leiche steh'n und singen.

Die Oper, von der hier so viel die Rede,
die ist historisch wertvoller als jede,
denn nur wer Verdis ATTILA gesehen,
kann Weltgeschichte erst so recht verstehen!

10. MACBETH

Oper in vier Akten
Text von Francesco Maria Piave nach Shakespeares Drama
Uraufführung: 14. März 1847, Teatro della Pergola, Firenze

Zwei Feldherrn aus der Schlacht nach Hause kehren
und lassen von den Hexen sich belehren
in Sachen Zukunft, Laufbahn, Job und Kinder…
Der eine staunt, der andere nicht minder:
Herr B a n c o würde Königsvater werden,
und M a c b e t h sogar König hier auf Erden!
Man meint, die beiden müssten ganz entschieden
davon begeistert sein und hoch zufrieden.
Sie bräuchten ja des Spruchs, des wunderbaren,
schlussendlicher Erfüllung nur zu harren!

Dass das ganz anders kommt, hat seine Gründe
und recht geschlechtsspezielle, wie ich finde:
Es sind doch M ä n n e r grundsätzlich bescheiden
und drauf bedacht, Probleme zu vermeiden.
Bei F r a u e n dahingegen ist zu sehen:
Es kann ihnen nichts hurtig genug gehen!
F r a u M a c b e t h brennt darauf vor allen Dingen,
des Spruchs Erfüllung sogleich zu erzwingen.
Der König würde heut' im Schlosse weilen.
Da meint die Frau: „Wir müssen uns beeilen,
um unsre Chance nur ja nicht zu versäumen,
bei gutem Wind ihn aus dem Weg zu räumen!"
Ihr Gatte zaudert, er will das nicht machen.
Die Lady sagt: „Geh, mach nicht solche Sachen!
Komm, zeig doch endlich einen starken Willen,
wie soll der Hexen Wort sich sonst erfüllen?"
So schleicht er denn des nachts ins Gästezimmer,
fünf Takte drauf rührt sich der König nimmer.

Herr Macbeth, Herrscher nun von heut' auf morgen,
könnt' jetzt zufrieden sein und ohne Sorgen,
wär' da nicht, nach der Königsmacht-Verleihung,
der zweite Teil der Hexenprophezeiung!
Und wieder ist's die F r a u , von Macht besessen,
die sagt: „Wir dürfen B a n c o nicht vergessen!
Der ist gefährlich, also ist vonnöten,
den möglichen Rivalen auch zu töten."
Der Mord geschieht, wie man sich's vorgenommen,
des Opfers Sohn, der kann jedoch entkommen.

Man ahnt sogleich: D a s wird der neue König!
Die ganze Machtgier half der Lady wenig.
Man sieht, wie sie dem Tod entgegenschmachtet,
sie brabbelt wirres Zeug, total umnachtet.
Als sie ins Gras beißt, ist der Spuk zu Ende
und auch ihr Mann stirbt durch der Gegner Hände.

Soweit die Handlung, doch nun muss man fragen:
Was ist über des Unglücks Grund zu sagen?
Waren's die H e x e n , die dahinter standen,
dass so viel Menschen da ihr Ende fanden?
War's etwa so, dass es das S c h i c k s a l wollte,
dass alles ganz genauso kommen sollte?
Da muss ich protestieren, denn ich finde,
das Unheil hat ganz andre Hintergründe:
Als H a u p t u r s a c h e kann man klar erschauen
die sprichwörtliche U n g e d u l d   d e r   F r a u e n !

11. I MASNADIERI

Melodramma in vier Akten
Text von Andrea Maffei nach Schiller
Uraufführung: 22. Juli 1847, Queen's Theatre, London

Der **Max**, ein Herr von adeligem Glanz,
hat einen und noch einen zweiten Sohn:
den braven **Karli** und den bösen **Franz**.
Das geht nicht gut, man ahnt's am Anfang schon.

Tatsächlich will der **Franz** ans Geld gelangen
und hat darum vom **Karli** einen Brief,
den der an **Max** geschrieben, abgefangen.
Der hört vom **Karli** nichts und kränkt sich tief.

Der **Karli** kriegt jetzt ein gefälschtes Schreiben:
der **Max** hätt' ihn belegt mit einem Bann.
Er ahnt nichts von des **Franzels** bösem Treiben
und schließt sich einer Räuberbande an.

Der **Franz** sagt nun vom **Karli**, er sei tot.
Der **Max**, schockiert, fällt leblos um sogleich.
Das freut den **Franz**, geglückt scheint sein Komplott.
Er denkt: „Jetzt werd' ich erben und bin reich!"

Doch: Gibt's in dieser Oper keine Frau?
Natürlich gibt's die auch: Es ist die **Mali**.
Die will der **Franz**, doch ahnt man's ganz genau:
Sie mag ihn nicht, sie liebt nämlich den **Karli**.

Von einem Dienstboten erfährt die **Mali**,
dass weder Sohn noch Vater wirklich tot.
Tatsächlich lebt der **Max** und auch der **Karli**.
Die **Mali** flieht vor **Franz** in ihrer Not.

Sie rennt ganz schnurgerade in den Wald
und trifft ganz zufällig dort auf den **Karli**.
Der hört von **Franz** und dessen Tun alsbald
und ruft: „Ich könnt' ihn umbringen, oh **Mali**!"

Der **Karli** findet in einem Verliese
den **Max** jetzt wieder, seinen alten Herrn.
Der **Franz** wollt ihn beseitigen, der fiese,
und **Max**, schon alt und schwach, konnt' sich nicht wehr'n.

Der **Karli** will ihn in die Arme schließen,
doch **Max** erkennt den eig'nen Sohn nicht mehr.
Der ruft die Räuber: „Das wird er mir büßen.
Auf, Männer, los, dem **Franzel** hinterher!"

Gefangen wird statt **Franz** jedoch die **Mali**.
Man ist schockiert und denkt sich: So ein Mist!,
denn jetzt erfährt das Mädchen, dass der **Karli**
der Anführer der Räuberbande ist.

Der rafft zusammen seinen ganzen Mut.
(Dass das herauskam, ist ihm doch zu dumm!)
Er tut, was man als Ehrenmann halt tut:
Er nimmt sein Schwert – und bringt die **Mali** um.

Entflohen ist der **Franz**, welch eine Wende!
Der **Karli** kann sich nicht mehr mit ihm balgen
und hat nur noch den einen Wunsch am Ende:
„Hängt's mich doch bitte ganz schnell an den Galgen!"

Bei dem Gescheh'n kann man den Kopf nur schütteln,
doch gibt's noch einen andren Punkt zum Glück,
an dessen Wert ist wirklich nicht zu rütteln:
Das ist von B e p p i   V e r d i   die   M u s i k !

12. IL CORSARO

Melodramma in drei Akten
Text von Francesco Maria Piave
Uraufführung: 25. Oktober 1848, Teatro Grande, Triest

Ein junger, fescher Zwischenfachtenor
tritt gleich im **ersten Akt** ganz groß hervor,
und wie aus dem Libretto man ersieht,
liegt mit der ganzen Menschheit er im Krieg.
> **Corrado:**
> „Krieg, grausamer, immerwährender Krieg
> gegen die ganze Menschheit!"

Da niemand solchen Kampf gewinnen kann,
beschließt jetzt ganz spontan der junge Mann,
nur gegen einen Teil den Krieg zu planen
und zieht zur Schlacht gegen die Muselmanen.
> **Corrado:**
> „Zu den Waffen, ohne zu zagen lasst uns
> den verruchten Halbmond überfallen!"

Der Mann ist ein Pirat, doch gut und edel.
Er wurde nur Bandit, weil einst ein Mädel
geraubt ihm ward, das er ganz heiß begehrt
(vom Schicksal, wie man nebenbei erfährt).
> **Corrado:**
> „Ein unerbittliches Schicksal stahl mir mein
> ganzes Glück!"

Inzwischen doch hat der Banditen-Mann
als Freundin einen lyrischen Sopran,
der, als von seinem Feldzug er erzählt,
am End' vom ersten Akt in Ohnmacht fällt.
> **Medora:**
> „Ah, geh nicht fort!
> Großer Gott!" (Sie fällt in Ohnmacht)

Der **zweite Akt** der Oper spielt dann schon
am Hof vom Muselmanen-Bariton.
Auch der hat einen Schatz, man kann's ja ahnen,
unter den vielen Harems-Chorsopranen.
> **Chor** (zu Gulnara):
> „O welche unendliche Freude erwartet dich,
> du Liebling des Pascha."

Zunächst jedoch tritt ins Gescheh'n ein Mann,
den niemand identifizieren kann.
Der sagt, er wär' gefloh'n vor den Piraten,
die mit Gewalt ihn festgehalten hatten.
> **„Derwisch"**:
> „Aus den Fängen jener Elenden bin ich eben
> geflohen."

Da zuckt der Moslem-Boss plötzlich zusammen:
Sein Haus, das steht mit einem Mal in Flammen.
Der Fremde hebt den Hut, was kommt hervor?
Der Kopf von unsrem Zwischenfachtenor!
> **Corrado** (wirft Mütze und Kleid ab):
> „Mut, meine wackeren Freunde, vorwärts,
> jagt sie in die Flucht!"

Er ist mit seinem Heer hier eingedrungen,
der Sieg über die Moslems scheint gelungen.
Da lässt ein Schrei vom Harem ihn erkennen:
Die armen Mädels wollen nicht verbrennen!
> **Gulnara** und die Stimmen aus dem Harem:
> „Hilfe, wer rettet uns?"

Und da unser Tenor gerecht und gut,
nimmt er zusammen allen seinen Mut,
riskiert es glatt, beim Kampf sich zu verspäten,
um noch die Chorsoprane g'schwind zu retten.
> **Corrado**:
> „Lasst uns geschwind die Frauen retten!"

Das sieht der Moslem und – ganz ohne Bangen –
nimmt rasch er der Piraten Schar gefangen.
Umsonst ruft ihn des Harems Haupt-Sopran
für den Tenor um Gnad' und Schonung an.
> **Gulnara:**
> „Ach, lass nicht deine ganze Gnade
> für ihn erloschen sein!"

Im **dritten Akt** dann sieht man es so richtig:
Der Moslem-Bariton ist eifersüchtig!
Er ahnt, dass sein bevorzugter Sopran
verliebt ist in den tenoralen Mann.
> **Seid** (zu Gulnara):
> „Umsonst flehst du mich an, umsonst
> verstellst du dich. Elende, du liebst ihn!"

Die Angst der Harems-Frau um ihn ist stärker,
sie schleicht des nachts zu ihm in seinen Kerker,
wobei sie zur gemeinschaftlichen Flucht
mit aller Kraft ihn zu bewegen sucht.
> **Gulnara:**
> „Ach, lass uns diesen Mauern entfliehn
> und den Weg zur Freiheit wählen!"

Er schickt sie fort, doch nach einer Sekunde
ist sie schon wieder da mit froher Kunde:
„Ich hoff', dein Widerstand ist jetzt gebrochen.
Ich hab den Bariton im Schlaf erstochen!"
> **Gulnara:**
> „Die Tat ist vollbracht. Er erwachte gerade
> und musste sterben!"

Nun flieh'n die beiden hin zu einem Ort,
da ist der lyrische Sopran schon dort.
Doch leider sind sie da zu spät gekommen.
Die junge Frau hat vorher Gift genommen.
> **Medora:**
> „Ich dachte, du seiest tot, da konnte ich
> einfach nicht weiterleben!"

Man singt noch ein Terzett zum Herzerbarmen
und der Sopran stirbt in Tenores Armen.
Und damit auch der Schluss ein richtig krasser,
stürzt der Tenor am Ende sich ins Wasser.
> **Corrado:**
> „Medora ist tot. Mögen die Strudel
> mich erfassen!" (Er springt ins Meer.)

Moment!, denkt man, das kann's ja wohl nicht geben,
wieso bleibt denn die Harems-Frau am Leben?
's ist klar, dass es den Zuschauer zermürbt,
wenn er nicht sieht, wie die dann auch noch stirbt!
> **Gulnara:**
> „O Himmel!" (Sie bricht zusammen,
> der Vorhang fällt.)

Doch eine Oper hat ja nicht nur S t ä r k e n ,
und auch das logischste von allen Werken
darf, wenn der Handlung Klarheit ist zu Eigen,
auch eine winzig kleine S c h w ä c h e zeigen!

13. LA BATTAGLIA DI LEGNANO

Lyrische Tragödie in vier Akten
Text von Salvatore Cammarano
Uraufführung: 27. Jänner 1849, Teatro Argentina, Roma

Zwei gute Freunde, **Bariton**, **Tenor**,
steh'n Seit' an Seit' im Kampfe gegen **Bass**.
Tenor, der tot geglaubt noch kurz zuvor,
kehrt lebend wieder heim. **Sopran** wird blass.

Sopran nahm nämlich **Bariton** zum Mann,
da alle ja gedacht, **Tenor** sei tot.
Tenor ruft laut: „Du untreuer **Sopran**,
wir waren doch verlobt!" **Sopran** wird rot.

Sopran ist mit **Tenor** grad im Gespräch,
als **Bariton** hereinkommt und bös' schaut.
Tenor wird mit **Sopran** jetzt – so ein Pech! –
in einen Turm gesperrt. **Sopran** seufzt laut.

Tenor springt aus dem Turm und überlebt,
zieht wieder in den Krieg, besiegt nun **Bass**.
Tenor, vom Feind getroffen, sich erhebt,
kehrt sterbend heim. **Sopran** wird wieder blass.

Tenor sagt **Bariton**, der sehr betrübt:
„Es ist ja nichts passiert, ich schwör's bei Gott.
Ich hab sie doch platonisch nur geliebt
und sie mich auch!" **Sopran** wird wieder rot.

Ganz sanft sagt **Bariton** jetzt zu **Sopran**:
„Ich lieb' dich doch und hab' dir stets vertraut.
Komm, fangen wir nochmals von vorne an!"
Dann stirbt **Tenor**. **Sopran** seufzt wieder laut.

Wie mag nun die Geschichte weitergeh'n?
Das wär' interessant zu wissen doch.
Ich bin, wie immer man die Sach' mag seh'n,
fest überzeugt, **S o p r a n** seufzt immer noch.

14. LUISA MILLER

Melodramma in drei Akten
Text von Salvatore Cammarano
nach Schillers Trauerspiel „Kabale und Liebe"
Uraufführung: 8. Dezember 1849, Teatro San Carlo, Napoli

Ein junges Pärchen war ganz schwer **verliebt**,
wie's das ja weltweit immer wieder **gibt**.
Doch als die zwei zum Haus des Mädchens **kamen**,
da stellte sich der junge Mann den zukünftigen Schwiegereltern vor unter einem falschen **Namen**.

Und, wie man sich's natürlich denken **kann**,
gab's da ja auch noch einen zweiten **Mann**.
Der meinte, ält're Rechte zu **besitzen**
und brachte in der Folge mit seinen Intrigen die ganze Sippschaft innerhalb kürzester Zeit ordentlich ins **Schwitzen**.

Des Mädchens Freund, der war von edlem **Blut**.
Sein Vater fand die Liebschaft nicht so **gut**.
„Dass die zwei heiraten, darf nicht **geschehen**!",
so sprach der und hat ganz schnell eine Herzogin als Braut für seinen Sprössling **ausersehen**.

Damit verkomplizierte sich die **G'schicht**,
denn diese liebte unser Jüngling **nicht**.
Des Burschen Vater schrie wie ein **Berserker**:
„Soldaten, nehmt's die Freundin von mei'm Buam samt ihrem Vater fest und haut's es in den **Kerker**!"

Da rief sein Sohn: „Geh, Papa, lass den **Mist**,
sonst sag ich's, wie du Graf geworden **bist**!"
Schnell war'n die zwei befreit aus der **Bedrängnis**,
und dennoch sitzt zumindest der Vater von dem Mädchen zu Beginn des zweiten Aktes, zum Tod verurteilt, wieder im **Gefängnis**.

Der andre Mann, der auch die Maid gern **hätt'**,
sagt jetzt zu ihr: „Noch ist es nicht zu **spät!**
Du musst nur einen Brief ganz g'schwind **verfassen**.
Da schreibst du, dass du mich nur liebst, dein Freund sagt sich dann von dir los, ich nehm' dich zur Frau und dein Vater wird aus dem Kerker **entlassen!**"

Und so nimmt die Intrige ihren **Lauf**.
Die junge Herzogin atmet jetzt **auf**.
Die Frau versucht mit allen ihren **Sinnen**,
den Burschen, den sie schon verloren glaubte, nun über etliche Hindernisse hinweg doch noch zum Gatten zu **gewinnen**.

Der wied'rum ist enttäuscht und möchte **gern**
den Degen kreuzen mit dem andren **Herrn**.
Sein Vater sagt: „Ich kann den Schmerz **ermessen**,
doch du musst jetzt vernünftig sein. Nimm erst einmal die Herzogin zur Frau, und die Bürgerliche da, die dir ja eh untreu geworden ist, die musst halt ganz geschwind **vergessen!**"

Wer dieses ganze Wirrwarr will **versteh'n**,
muss wissen, dass da Dinge sind **gescheh'n**,
von denen in der Oper zwar die **Rede**,
die aber nicht gezeigt werden, weil sie doch lange vor der eigentlichen Handlung stattgefunden haben, auf der anderen Seite aber den Hauptgrund bildeten für die ganze **Fehde**.

Des Burschen Vater hat da in der **Nacht**
brutal den echten Grafen **umgebracht**,
rasch Titel und Besitz an sich **gerissen**,
wobei sein Sohn auch davon wusste und den Mund gehalten hat, was freilich jetzt die moralische Frage aufwirft: Ja haben diese Männer denn überhaupt kein **Gewissen?**

Wie weit die Folgen dieses Krimis **geh'n**,
das ist im dritten Akte dann zu **seh'n**:
Der Jüngling, als verlor'ner Liebe **Rächer**,
spricht noch einmal mit seiner ehemaligen Verlobten, die ihm versichert, dass sie tatsächlich den andren liebt, worauf er ein letztes Gläschen mit ihr trinkt und ihr dann sagt: „Weißt eh, dass wir jetzt sterben müssen, weil da war nämlich Gift in unserem **Becher**!"

Dann tötet er, was er gerad' noch schafft,
den Nebenbuhler mit der letzten Kraft,
fällt neben seine Maid zu Boden nieder
und streckt nach dreizehn Vierteltakten in e-moll schließlich die **Glieder**.

's gibt insgesamt drei Todesopfer **hier**.
Zählt man den alten Grafen mit, sind's **vier**.
Doch ist der Leichen Zahl in diesem **Spiele**
auch innerhalb von Verdis Schaffen relativ, denn wenn man's etwa mit der SIZILIANISCHEN VESPER vergleicht, wo im Finale gleich ein paar Hundert umkommen, ist das doch wenig, denkt man hingegen an die Oper KÖNIG FÜR EINEN TAG, in der alle am Leben bleiben, sind's wieder ziemlich **viele**!

Statistisch liegt das Werk somit - na bitte! -
was Tote anlangt, etwa in der Mitte!

15. STIFFELIO

Oper in drei Akten
Text von Francesco Maria Piave
Uraufführung: 16. Novembre 1850, Teatro Grande, Trieste

Was **Priestern** oftmals Pein geschaffen hat,
und gar nicht wenig, ist das **Zölibat**.
Man denkt: „Wenn jeder eine Frau sich nähme,
dann gäb's für die doch weniger Probleme!"
Doch das ist falsch, das halt ich hier dagegen
und kann's mit einer Oper klar belegen:

Ein **Pfarrer** ist darin die Hauptperson,
der ist **verheiratet** seit Jahren schon.
Das aber hat ihn keinesfalls bewahrt
vor Ärger und Verdruss der schlimmsten Art,
denn man vernimmt, dass seine Gattin glatt
mit einem andren ein Verhältnis hat.
Aus einem zufällig entdeckten Schreiben
wird offenbar des Liebespärchens Treiben.
Die Sache hat zur Folge, dass es prompt
zwischen den Männern zum Duelle kommt.
Doch das wird nicht beendet, weil der Held,
der Priester, vorher schnell in Ohnmacht fällt.
Sein Schwiegervater überlegt die Sache:
„Na gut, dann übernehm' halt ich die Rache!"
Gesagt, getan, er schlägt, vor Zorn ganz rot,
den Nebenbuhler des Herrn Pfarrer tot.
Der ist entsetzt von dem, was da gewesen,
und g'rade jetzt soll er die Messe lesen!
Er schleppt mit Müh' zur Kanzel sich hinauf.
Die Frau denkt schon: „Jetzt krieg' ich gleich eins drauf!"
Ihr Mann jedoch hat anders sich besonnen,
die Sanftmut hat die Oberhand gewonnen.
Er denkt: „Der Konkurrent ist aus dem Rennen,
denn der ist tot und kann uns nicht mehr trennen!"
Drum sieht man jetzt, weil er sie ja noch liebt,
wie er der Gattin öffentlich vergibt.

Die Oper schließt mit Harmonie und Glück,
doch ich komm' auf die These jetzt zurück,
die **Ehe** wär' für **Geistliche** ein Segen.
Ich bitte, sich das gut zu überlegen,
**denn soviel Zoff wie hier könnt's niemals geben
bei Priestern, die im Zölibate leben!**

Für Opernfreunde, die sich nicht mit der theologisch-moralischen Frage auseinandersetzen möchten, hier eine knappe Handlungszusammenfassung:

Frau Pfarrer treibt's mit einem andren Mann.
Er kommt dahinter – und verzeiht ihr dann.

16. RIGOLETTO

Oper in vier Akten
Text von Francesco Maria Piave nach Victor Hugos „Le roi s'amuse"
Uraufführung: 11. März 1851, Gran Teatro La Fenice, Venezia

An einem Herzogshof in der Provinz,
(im Süden, weit entfernt von Wien und Linz)
da denkt der Herrscher, anstatt zu regieren,
an eines nur: die Mädchen zu verführen.

In diesem Punkt erinnert uns der Mann
sehr stark an die Figur des **Don Juan**.
> Auch dieser hat nur eines im Kopf:
> **Frauen, Frauen, Frauen!**

Nun, in einen Studenten schnell verwandelt,
hat er mit einem Backfisch angebandelt.
Die Kleine hat beim Kirchgang ihn geseh'n
und schon war es um ihre Ruh' gescheh'n.

In diesem Punkt erinnert uns das Mädchen
in seiner Einfalt stark an Goethes **Gretchen**.
> Auch diese erliegt dem Charme des
> skrupellosen Blenders **Faust**.

Der Vater, sehr bemüht, dass sich kein Mann
der jungen, hübschen Tochter nahen kann,
macht sich um ihre Ehre große Sorgen
und hält sie drum in seinem Haus verborgen.

In diesem Punkt erinnert die Figur
in ihrer Haltung stark an den **Komtur**.
> Auch dieser möchte seine Tochter
> vor den **Nachstellungen** ihres adeligen Verehrers
> bewahren.

Zudem dient der Papa – man kann's kaum glauben –
just dem, der ihr die Unschuld möchte rauben.
Der arme Mann ist körperlich entstellt:
Er kam mit einem Buckel auf die Welt.

In diesem Punkt – säh' man von ihm ein Foto –
erinnerte dies stark an **Quasimodo**.
> Auch dieser ist – gleich dem Rigoletto –
> **missgestaltet**.

Als ihm sein Boss die Tochter dann entführt,
schwört er ihm Rache, wie es sich gebührt,
ruft einen Killer: „Komm, du sollst nicht säumen,
mir diesen Knilch schnell aus dem Weg zu räumen!"

Und dieser Punkt erinnert uns exakt
an „**Macbeth**" (das Komplott im zweiten Akt).
> Auch dort engagiert Macbeth Mörder,
> um **Banco** zu beseitigen.

Ein ganz kleines Detail in der Geschichte
macht ihm den schönen Racheplan zunichte:
Die Sach' ist die, dass er den Mund nicht hält
und auch der jungen Maid davon erzählt.

Und dieser Punkt in unserem Berichte
erinnert an des **Radames'** Geschichte.
> Dieser plaudert ein **strategisches Geheimnis** aus,
> wodurch seine Pläne in die Binsen gehen.

Als sich der Herzog, wie sich's halt so fügt,
just mit des Killers Schwester nachts vergnügt,
erliegt die plötzlich seinem großen Charme
und sagt: „Ich will nicht, dass er stirbt, der Arme!"

Und dieser Punkt erinnert uns doch fest
an die **Fanciulla** aus der Richtung **West**.
> Auch diese kämpft ja im Finale der Oper verbal um
> **das Leben ihres Geliebten**.

Der Killerschwester wird jetzt richtig bange,
sie raunzt den Bruder an genügend lange,
bis der dann sagt: „Jetzt wird's mir doch zu dumm,
na gut, ich bring halt einen andren um!"

In diesem Punkt sind wir sogleich im Bilde:
Wir denken an's Dilemma der **Brünnhilde**.

> Diese beschließt (2. Akt „Walküre"), nachdem
> Siegmund mit ihr gesprochen hat, an seiner Stelle
> **Hunding** im Kampf zu fällen.

Des Buckeligen Tochter, die beschließt,
dass sie jetzt selbst das „Ausweichsopfer" ist.
Sie liebt den Herzog immer noch und eben
darum gibt sie für ihn dahin ihr Leben.

Und dieser Punkt, der bringt uns auf die Spur
der **Leonore** aus dem „**Troubadour**".

> Auch diese möchte durch ihr **Opfer** das Leben
> **Manricos**, ihres Geliebten, **retten**.

Dem Vater wird die Leiche präsentiert,
doch als er so im Sack sie mit sich führt,
da kommt er drauf: Es ist sein eig'nes Kind.
Er jammert – und der Vorhang fällt geschwind.

Das Werk besteht, wie leicht zu überprüfen,
aus vielen **Opernparallelmotiven**.

17. IL TROVATORE

Oper in vier Akten
Text von Salvatore Cammarano
nach einem Stück von Antonio Garcia Gutiérrez
Uraufführung: 19. Jänner 1853, Teatro Apollo, Roma

Wie oft sind auch in dieser Oper wieder
Tenor und **Bariton** leibliche Brüder,
wobei der Clou dran ist, dass die zwei Mannen
von der Verwandtschaft überhaupt nichts ahnen.

Es hatte da vor langer Zeit der **Alt**
den späteren **Tenor** geraubt eiskalt,
nachdem der Vater von dem **Bariton**
die Mutter hatte töten lassen schon.

Als die **Altistin** dann der Rache willen
den Knaben schnappte, trug sie keine Brillen
und warf den eig'nen Sohn, ihr lieb und teuer,
anstatt des andren irrtümlich ins Feuer.

Der fremde Junge wuchs bei ihr empor,
die Knabenstimme wurde zum **Tenor**.
Kaum großjährig, verliebte er sich dann
mit aller Vehemenz in den **Sopran**.

Was sich bei dieser Frau sodann ergibt, ist,
dass auch der **Bariton** in sie verliebt ist.
So kommt's zwischen den Männern ziemlich schnelle
im ersten Aktfinale zum Duelle.

Der **Mezzo** kurz drauf den **Tenor** bedrängt:
„Du hast dem **Bariton** das Leben g'schenkt?"
„Ja weißt", sagt der, „mein Arm war wie gebannt,
mir war, als wär' ich mit dem Mann verwandt!"

Der **Sopranistin** heftig 's Auge tränet,
weil sie doch den **Tenor** gestorben wähnet.
Sie seufzt: „Für mich ist alles futsch auf Erden!"
und ist entschlossen, Nonne jetzt zu werden.

Doch kurz bevor sie tritt durchs Klostertor,
da springt der **Bariton** plötzlich hervor.
Zehn Takte drauf ist der **Tenor** auch hier
und schreit: „Verschwind, denn der **Sopran** g'hört mir!"

Das Liebespärchen schwelgt im neuen Glücke,
der **Bariton** zieht schmollend sich zurücke.
„Ich werd' mich rächen an dem Kerl, dem dreisten",
denkt er, „denn wer zuletzt lacht, lacht am meisten!"

Gleich nach der Pause will das junge Paar
gerade treten vor den Traualtar,
da kommt ein Bote und man hört alsbald:
„Der **Bariton**, der kidnappte den Alt!"

Jetzt sollte der **Tenor** die Stretta singen.
Man bangt: Wird ihm das hohe C gelingen?
(Wobei's die meisten gar nicht erst probieren;
sie lassen sich die Nummer transponieren!)

Aus des Finalakts Handlung geht hervor:
Der **Bariton** besiegte den **Tenor**.
Um ihn zu retten, bietet der **Sopran**
dem Manne glatt für eine Nacht sich an.

Der sagt „Okay!" – und schaut dann durch die Röhre.
Die **Sopranistin**, diese schlaue Göre,
hat, eh der **Bariton** die Hose lüftet,
sich vorsorglich kurz vorher g'schwind vergiftet!

Rasch stößt der Mann jetzt den Befehl hervor:
„Man töte auf der Stelle den **Tenor**!"
Um zehn Sekunden just zu spät erwacht
der **Alt**, der grad ein Nickerchen gemacht.

Er schreit den **Bariton** noch an: „Du Luder,
dein Feind da, der **Tenor**, das war dein Bruder!",
reckt theatralisch in die Höh' die Hände,
der Vorhang fällt, die Oper ist zu Ende.

So weit, so gut, man fragt sich nur am Schluss,
warum die Frau da just behaupten muss,
wenn man den Stiefsohn ihr ums Leben brächt',
wär' damit ihrer Mutter Tod gerächt!

Da hätt' sie, da sie ihn doch großgezogen,
in Wirklichkeit sich selbst ganz schön betrogen.
Doch Opernlogik hat, das weiß man eben,
andre Gesetze als das wahre Leben!

18. LA TRAVIATA

Oper in drei Akten
Text von Francesco Maria Piave
nach Alexandre Dumas' "Kameliendame"
Uraufführung: 6. März 1853, Gran Teatro La Fenice, Venezia

Ein junger Mann von noch nicht dreißig **Jährchen**,
in Liebesdingen ziemlich **unerfährchen**,
ist eines Tag's bei einem **Abendfest**
in der Pariser Hautevolee zu **Gäst**.
Und unter dieser Creme de la **creme**,
da ist auch eine hübsche, junge **Däme**.
Wie man schon ahnen kann, dauert's nur **kurz**,
bis er an die auch gleich verliert sein **Hurz**.
Auch sie mag ihn und schenkt ihm gar ein **Blümchen**.
Er fragt verliebt: „Wann darf ich **wiederkümmchen**?"
Sie sagt: „Sobald die Blüte auf dem **Stängel**
zu welken anfängt und den Kopf lässt **hängel**."

„Ach, wie romantisch!", mag man sich da **denken**,
doch es geht nicht so glatt, wie's **angefenken**.
Der Jüngling ist vor Glück ganz blind und **taub**,
sodass er seines klaren Blicks **beraub**
und vor Verliebtheit nicht bemerken **konnte**:
Die Frau ist eine **Edelprostitonte**!
Als das der Vater hört, will er **sofort**
die Sache unterbinden mit **Gewort**.
Er sucht das Mädchen auf und sagt: „Mein **Fräulein**,
ich hab auch eine Tochter und muss **schäulein**,
dass dieses Gspusi nicht ihr Glück **beschmutzt**,
weil ihre Hochzeit sonst am Ende **plutzt**!"
Sie ringt sich zum Entschluss durch, zu **verzichten**.
„Na gut", sagt sie, „an mir soll es nicht **lichten**",
setzt sich dann schweren Herzens an den **Tisch**
und schreibt dem Armen einen **Abschiedsbrisch**.

Kaum, dass die Lovestory hat **angefangen**,
ist sie auch schon wieder in nichts **zerrangen**!
Durch einen Zufall sich's jedoch **ergibt**,
dass sich das Pärchen dennoch **wiedersiebt**:
Sie kommt am Arme eines andren **Mannes**
zu einem Fest, bei dem er auch **gelannes**.
„Bist du für dieses Würstchen weg von **mir**?",
fragt er. Sie nickt. Er schreit: „Ich hasse **dir**!",
stellt sie vor allen bloß mit harten **Worten**.
Sie schluchzt: „Wie kannst du mich denn so **blamorten**?"
Tatsächlich liebt er sie wie zu **Beginn**
und fordert den Rivalen zum **Duinn**.

Vom Zweikampf selbst ist dann gar nichts zu **sehen**.
Der wird in einem Brief nur kurz **erwähen**,
den just der Vater von dem jungen **Mann**
der unglücklichen Frau geschrieben **hann**.
Drin bittet er das Mädchen um **Vergebung**:
„Ich weiß", schreibt er, „mein Handeln war **danebung**.
Drum komm' ich auch zu Ihnen jetzt **zurück**
und bring' am besten meinen Sohn gleich **mück**!"

Die Maid jedoch ist sterbenskrank **inzwischen**
(was die zwei Männer ja nicht ahnen **kischen**).
So kommen sie gerade noch **zurecht**,
zu sehen, wie sie dann **zusammenbrecht**.
Nachdem der Vater sich ihrer **erbärmel**,
stirbt sie nun glücklich an des Sohnes **Ärmel**.

Man ist richtig ergriffen und bestürzt.
's ist doch ein Stück, das immer wieder **rührzt**!

19. LES VÊPRES SICILIENNES

Oper in fünf Akten
Text von Eugene Scribe und Charles Duveyrier
Uraufführung: 13. Juni 1855, Grand Opéra, Paris

Sehr oft schon haben Völker sich gestritten,
wobei die Menschen meistens sehr gelitten.
Nur auf der **Bühne** es uns stets entzückt,
wenn da ein Volk das andre unterdrückt.

Auch **Verdi** kannte dies' Theatermittel
und griff so manches tragische Kapitel
aus der Geschichte ganz gezielt heraus
und machte eine schöne Oper draus.

Hier sind's **Franzosen**, die in großen Mengen
die armen **Sizilianer** hart bedrängen.
„Das ganze Vaterland vom Feind besetzt,
wir sind in unsrer Ehre tief verletzt!"

So jammert man und sinnt gezielt auf Rache.
(Soweit eine ganz einleuchtende Sache!)
Zu Ostern seh'n die Sizilianer rot
und schlagen haufenweis' Franzosen tot.

Da fragt man sich verblüfft: „Und das ist alles?"
Nun ja, doch gibt's im Falle eines Falles
noch zusätzliche Elemente dann,
mit denen man die Handlung strecken kann:

Da ist zunächst ein **Liebespaar** natürlich,
das beim Geschehen mitmischt recht gebührlich,
wobei der Jüngling sich erweist als Spross
(als illegaler) vom Franzosenboss.

Daraus ergibt nach kurzer Zeit sich schon
eine verzwickte Situation,
denn als man dann den Gouverneur will töten,
da ist der junge Mann gar arg in Nöten.

„Ich hasse meinen Vater, diesen Wicht",
sagt er, „doch umbringen will ich ihn nicht!"
Er schmeißt beim Anschlag sich blitzschnell dazwischen,
sodass der Mann dem Tode kann entwischen.

Damit stellt sich der Bursch aber ganz klar
vor seinen Leuten als Verräter dar.
Sein Vater will die Feindschaft jetzt begraben
(er scheint plötzlich Gefühle auch zu haben!).

„Du sollst dein Mädchen heiraten, mein Sohn",
sagt er, „ich freu' mich auf die Enkerln schon!"
„Nein, nein", ruft da der Führer der Rebellen,
„ich lass' mir meine Rache doch nicht stehlen.

Sobald die Hochzeitsglocken setzen ein,
da hau'n wir die Franzosen kurz und klein!"
Und so beschließt, wie wir am Ende sehen,
ein **Blutbad** das erbauliche Geschehen.

**Folgt auch die musikalische Geschicht'
nicht immer dem historischen Bericht,
so konnt' man doch einen Rekord erreichen:
Es ist die Oper mit den meisten Leichen!**

20. SIMON BOCCANEGRA

Oper in einem Prolog und drei Akten
Text von Francesco Maria Piave (1. Fassung)
           Arrigo Boito (2. Fassung)
nach dem Drama von Antonio Garcia Gutiérrez
Uraufführung: 12. März 1857, Gran Teatro La Fenice, Venezia

Die Oper handelt von einem Korsaren,
der sich dereinst verliebt' mit Haut und Haaren
in eine junge Maid aus Genua.
Dass deren Vater das nicht wollt', ist klar.
Der war nämlich von adeligem Blut.
Man ahnt: Die Sache geht bestimmt nicht gut!

Das Paar, bei dem's zur Hochzeit nicht gekommen,
hat selbst das Schicksal in die Hand genommen
und so wurde der Alte über Nacht
ganz rücksichtslos zum Großvater gemacht.
Der Korse ist zu dessen Feind mutiert.
Man ahnt: Das Ganze wird recht kompliziert!

Der Kindesvater denkt: „Da hilft kein Fluchen,
ich werd' mich als Politiker versuchen!"
und wird, was seinem Gegner nicht gefällt,
auf Anhieb zum Regierungschef gewählt.
Jetzt würd' er vor dem Vater wohl besteh'n!
Man ahnt: So einfach aber wird's nicht geh'n!

Grad jetzt, da er politisch Macht erworben,
muss er erfahr'n: Sein Mädchen ist gestorben!
Der alte Opa reagiert geschwind.
Er fordert vehement: „Ich will das Kind!"
Der Korse druckst herum: „Das geht nicht, nein!"
Man ahnt: Da muss etwas geschehen sein!

Tatsächlich ward, gesagt ganz unverhohlen,
dem armen Mann die Tochter glatt gestohlen.
Nun ist er zwar Ministerpräsident,
doch im Privatbereich total am End'.
Wie wird die Story jetzt wohl weitergeh'n?
Man ahnt: Der wird die Tochter wiederseh'n!

Zunächst doch heißt es in Geduld verharren,
denn dazu kommt es erst nach vielen Jahren.
Da hat die junge Frau, wie man erfährt,
auch einen jungen Mann, der sie verehrt.
Die zwei sind schwer verliebt – wie wunderbar! –
Man ahnt: Das wär' zu einfach ganz und gar!

Es gibt noch einen zweiten Kandidaten,
der fühlt sich vom Regierungschef verraten,
stand er doch unter dessen Protektion,
nun will der aber nichts mehr hör'n davon,
seitdem er weiß, das Mädel ist sein Kind.
Man ahnt: Es ist nicht schön, was da beginnt!

Denn der Geschmähte, der sinnt jetzt auf Rache
und plant gleich eine fürchterliche Sache,
die seinen Gegner recht empfindlich trifft:
Er leert brutal in dessen Wein ein Gift.
Der nimmt das Glas und leert's mit einem Zug.
Man ahnt: Die Dosis war bestimmt genug!

Nun tappt der junge Mann in eine Falle:
Er glaubt, der Präsident ist sein Rivale
und will ihn, als der grad ein Schläfchen macht,
erstechen, doch sein Mädchen sagt ganz sacht:
„Lass sein, mein Schatz, der ist ja mein Papa!"
Man ahnt: Dem Burschen wird jetzt manches klar!

Inzwischen fängt das Gift schon an zu wirken
und der Regierungschef denkt: „Kruzitürken,
warum werd' ich denn plötzlich gar so müd'?"
(Er weiß ja noch nicht, was ihm da jetzt blüht!)
Kurz drauf vernimmt er, dass er sterben muss.
Man ahnt: Die Oper nähert sich dem Schluss!

Das Schicksal will's dem Korsen grad noch gönnen,
sich mit dem alten Opa zu versöhnen.
Er übergibt schnell, eh er sagt „ade",
den Job an seinen Schwiegersohn in spe,
dann ist er tot und aus ist die Geschicht'.
Was aus dem jungen Paar wird, **ahnt man nicht**!

21. AROLDO

Lyrisches Drama in vier Akten
Text von Francesco Maria Piave
(Umarbeitung der Oper „STIFFELIO")
Uraufführung: 16. August 1857, Teatro Nuovo, Rimini

Um diese Verdi-Oper zu verstehen,
muss man zurück im Werksverzeichnis gehen
zu einem Stück, das ähnlich in der Tat,
obwohl es nicht den selben Titel hat:

Ich meine jenes Drama, schwarz und düster,
in welchem ein verheirateter Priester
am Ende edel ist und Großmut übt
und seiner Frau den Ehebruch vergibt.
               (Verdis 15. Oper „STIFFELIO")

Man kam mit der Thematik nicht zurande
in einem hochzölibatären Lande.
Die Oper war, gesprochen ganz salopp,
vom Start weg schon ein ziemlich arger Flop.

Das hat den Komponisten sehr verdrossen
und er hat deshalb ganz spontan beschlossen,
die Handlung und den Titel zu frisieren
und es damit noch einmal zu probieren.

So wurde das Gescheh'n, wie sich's bewegt,
erst kurzerhand nach England hin verlegt
und aus dem Pfarrer quasi über Nacht
ein deutschstämmiger Kreuzritter gemacht.

Die Hauptfiguren, Herren wie auch Damen,
versah man ganz gezielt mit neuen Namen
und, auf dass alles nicht so sehr gedrängt,
ward noch ein vierter Akt daran gehängt.

Sonst hat das Werk auch unter neuem Namen
den alten, schon bekannten Handlungsrahmen,
und auch im musikalischen Bereich
ist's bis auf den Finalakt ziemlich gleich:

Im Mittelpunkt steht der gehörnte Mann
(Tenor und Ehegatte vom Sopran).
Der merkt erst nicht, dass seine Holde glatt
mit einem andren ein Verhältnis hat.
Und – das kommt wirklich äußerst selten vor –
sein Konkurrent ist ebenfalls Tenor!
Der Vater vom Sopran (der Bariton)
bekommt aus purem Zufall Wind davon.
Er regt sich furchtbar auf über die Göre:
„Wozu braucht die auf einmal z w e i Tenöre?"
Dem Zweit-Tenor nimmt er's besonders krumm
und bringt ihn drum im Zweikampf einfach um.
Am Schluss sieht man erneut den Erst-Tenor,
der liebt seinen Sopran ja nach wie vor
und da der Zweit-Tenor nicht mehr am Leben,
kann er den Seitensprung nun auch vergeben.

Soweit der Handlung Lauf in beiden Werken.
Allein im Schlussakt, möchte ich bemerken,
da muss man einen Unterschied betonen
zwischen den zwei verschied'nen Versionen:

In **Variante eins**, da nimmt am Ende
der **Priester** seine Bibel in die Hände,
zitiert, dass, wer von Sünde gänzlich rein,
dann werfen könne auch den ersten Stein.

In **Variante zwei** liest dem Tenor
ein **anderer**, ein Bass, die Verse vor,
worauf der Held am Ende sich besinnt
und mit seinem Sopran von vorn beginnt.

Man staunt: Nur wegen zwei, drei kleiner Sachen
wollt' eine neue Oper man draus machen?!
Es hat dem Komponisten nichts genützt.
Er ist auch damit wieder abgeblitzt!

22. UN BALLO IN MASCHERA
(Handlungsschauplatz: Wien)

Melodramma in drei Akten
Text von Antonio Somma
nach „Gustave III. ou Le bal masqué" von Eugene Scribe
Uraufführung: 17. Februar 1859, Teatro Apollo, Roma

In Schweden gab es einmal einen König,
von diesem wüsste man bei uns recht wenig,
hätt' nicht ein Hauptmann seinen Tod beschlossen
und ihn bei einem Maskenfest erschossen.
Der Attentäter fiel unter dem Beil
(ein nüchternes geschichtliches Detail).

Das alles aber wäre doch zu wenig
für eine Oper über diesen König.
So musste man nach Möglichkeiten schauen,
um weitere Details noch einzubauen.
Das Werk, das so entstand, ist zwar enorm,
wenngleich auch nicht mehr ganz geschichtskonform.

Da liebt zunächst der Herrscher – Donnerwetter! –
die Gattin von dem spät'ren Attentäter,
und auch die Frau fühlt mit gar mächt'gem Triebe
in ihrem Herzen die verbot'ne Liebe.
„Verflixt", sagt sie, *„da muass irgendwås g'schehn,*
so kånn des doch net ewig weitergehn!"

Durch eine Seherin lässt sie sich künden,
wie sie den Frieden wieder könnte finden.
Die spricht: *„Du muaßt im Wåld di niederhocken*
und mitten in da Nåcht a Kräutel brocken!"
Das aber hat der König auch gehört
und schleicht ihr nach, von Liebe ganz betört.

Das Kräutelsuchen ist recht g'schwind vergessen.
Die zwei singen ein Liebesduett stattdessen.
Gleich nach dem hohen C, da hört man Schritte,
eine Gestalt eilt rasch zur Bühnenmitte.
Die Frau erkennt mit Schreck: *„Des is mei Månn!"*
und schafft's noch, dass sie sich verschleiern kann.

Ihr Gatte kam, den König zu gemahnen,
dass seine Feinde einen Anschlag planen.
„Beeil di", sagt er, *„tausch' ma unsre Kleider.
I bleib dann zruck und du bist aus'm Schneider!"
„Und wås die Lady angeht"*, tut er kund,
„die bring i sicher hoam und hålt den Mund!"

Der Herrscher ist im Dunkeln kaum verschwunden,
als die Verfolger schon das Paar umrunden.
Der Führer der Rebellen staunt nicht wenig:
*„Der Haberer då is går net der König!
Verdåmmt's Kaffeehaus, des is a Verhau.
Jetzt sågt's uns wenigstens: Wer is de Frau?"*

Die Häscher treten näher ganz verwegen,
der Mann ruft *„Hålt!"* und zieht gleich seinen Degen.
Da schreit die Frau: *„Hört's endlich auf, zum Geier!"*
und reißt sich schnell vom Kopf herab den Schleier.
Der Mann, der wird vor Schreck plötzlich ganz grau
und sagt erschrocken: *„Des is jå mei Frau!"*

Sogleich sinnt er auf Rache für die Schande
und wendet sich an die Verschwörerbande.
Er sagt zu ihnen: *„Bitt'schön, tuat's net låchen,
i mecht jetzt gern beim Attentat mitmåchen!"*
So kommt's, dass man des Königs Tod beschließt
und er beim Maskenball dann auf ihn schießt.

Doch weil die Oper anders als das Leben,
muss ihm der Herrscher sterbend noch vergeben.
"Woaßt, des mit deiner Frau, des muaßt ma glauben:
I wollt ihr gånz bestimmt die Ehr net rauben!"
Und wie man hört, erleichtert und gerührt,
ist zwischen beiden eh gar nichts passiert.

Zum Wohlklang eines Chors stirbt dann der König.
(Dass das in Wahrheit anders war, stört wenig.)
Es ist viel Fantasie, was da zu sehen,
weit abseits von dem wirklichen Geschehen.
Auch wenn das nicht historisch, 's ist ja gleich.
Die Hauptsach' ist, am Ende gibt's a Leich'!

23. LA FORZA DEL DESTINO

Oper in vier Akten
Text von Francesco Maria Piave
nach dem Drama „Don Alvaro ó La fuerza del sino"
von Don Alvaro Perez de Saavedra
Uraufführung: 10. November 1862, Kaiserliches Theater St. Petersburg

Ein Töchterchen aus adeligem Hause
war unsterblich in einen Mann verliebt.
Doch leider war der Vater ein Banause,
der wollt's nicht glauben, dass es sowas gibt.

Das Pärchen konnte voneinand' nicht lassen
und sprach: „Jetzt bleibt uns einzig noch die Flucht!"
und schon in selber Nacht, man kann's kaum fassen,
da haben die glatt abzuhau'n versucht.

Ihr bangte: „Soll ich wirklich weg für immer?
Mir fällt's so schwer, ich kann doch nichts dafür!"
Sie blieb einen Moment zu lang im Zimmer,
denn plötzlich stand der Papa in der Tür.

Ihr Liebhaber ließ die Pistole fallen.
„Ich wehr' mich nicht!", rief er in seiner Not.
Da hörte plötzlich einen Schuss man knallen,
zehn Takte später war der Papa tot.

Was dann als Folge davon ist zu sehen,
verpackt in höchst dramatischen Gesang,
ist zwar nicht grad ein glaubwürdig Geschehen,
doch es begeistert uns drei Akte lang:

Des Mädchens Bruder will die Schande rächen
und sagt: „Na wart, wenn ich die zwei erwisch',
die Schwester und den Gschamsterer, den frechen,
dann mach ich gleich mit beiden reinen Tisch!"

Das Liebespaar doch ist getrennt inzwischen
(obwohl man eigentlich nicht weiß, warum).
Das Mädchen denkt: Ich lass mich nicht erwischen!
und läuft deshalb in Männerkleidern rum.

Ihr Bruder lebt dann unter falschem Namen
als hoher Offizier beim Militär.
Und da das Schicksal ja bestimmt den Rahmen,
dient der Entführer auch im selben Heer.

Er rettet seinem Feind sogar das Leben,
die beiden schwör'n einander ew'ge Treu,
doch – Pech! – der Rächer, der erkennt ihn eben
und er erklärt ihm gleich den Krieg aufs Neu'.

Um sich aus der Gefahr endlich zu retten,
beschließt der junge Mann danach sofort,
als Pater in ein Kloster einzutreten,
aber der Jäger findet ihn auch dort.

„Ich bin unserer Sippschaft Ehrbewahrer,
jetzt bist du dran!", ruft der ihm ins Gesicht.
Der andre sagt: „Ich bin doch jetzt ein Pfarrer.
Mit dir mich schlagen? Nein, das will ich nicht!"

Doch nur so zwei, drei Augenblicke später,
nach einer Ohrfeige, da ist's so weit:
Der Mönch und der Familienehrenretter,
die stürmen heftig kämpfend fort zu zweit.

Nun wird man aber höchstwahrscheinlich fragen:
„Was ist denn mit der jungen Maid gescheh'n?"
Tja, da ist kurz und bündig nur zu sagen:
Die wollte ebenfalls ins Kloster geh'n!

Wenn jetzt der Exfreund just vor ihrer Zelle
den Rächer ihrer Sippschaft glatt ersticht
und der auch sie noch abmurkst auf die Schnelle:
Ein turbulent'res Ende gibt's wohl nicht!

Nun fragen wir: Was wär' gescheh'n indessen,
wenn die Pistole da im ersten Akt
ordnungsgemäß gesichert wär' gewesen?
Dann wär' des Vaters Leben noch intakt!

Und wenn der seinen Segen hätt' gegeben,
die beiden ihren Hochzeitstag fixiert
und dann geführt ein ganz normales Leben,
hätt's keinen Komponisten int'ressiert!

24. DON CARLOS

Oper in fünf Akten
Text von Francois-Joseph Méry und Camille Du Locle
nach dem Drama von Friedrich Schiller
Uraufführung: 11. März 1867, Grand Opéra, Paris

Ein Kronprinz war dereinst in Lieb' verbunden
mit einer hübschen adeligen Maid.
Doch allzu kurz waren des Glückes Stunden,
da große Politik das Paar entzweit.

Der Armen wurde kurzerhand befohlen:
„Du nimmst anstatt des Prinzen den Papa!",
wodurch sie plötzlich, ohne es zu wollen,
des Ex-Verlobten Stiefmutter dann war!

Der Prinz will sie noch einmal seh'n zum Schlusse.
Man trifft einander nachts zu später Stund.
„Ich lieb dich!", ruft er, doch beim ersten Kusse
merkt er: Das ist nicht seiner Liebsten Mund!

Er ringt nach Fassung, doch das hilft ihm wenig,
denn für die andre Frau ist jetzt ganz klar:
Der liebt nicht sie, sondern die Frau vom König,
und das missfällt der Dame ganz und gar.

Denn die ist nämlich selbst in ihn verschossen
und hatte starke Hoffnungen gehegt,
dass er sie liebt. Nun ist sie arg verdrossen,
denn nun weiß auch der Prinz, was sie bewegt!

Und wie das in der Oper durchaus typisch,
sinnt auf Vergeltung die Verschmähte jetzt
und sucht nach Möglichkeiten, dass sie schnippisch
die Königin bei ihrem Mann verpetzt.

Sie stiehlt ein Kästchen mit des Prinzen Bilde
und spielt es recht geschickt dem König zu.
Der findet's, bricht es auf, wird furchtbar wilde
und schreit die Gattin an: „Du Buhlin du!"

Die ganze Nacht saß er in seiner Kammer,
fand keinen Schlaf, war furchtbar tief betrübt,
und repetierte nur in seinem Jammer
den einen Satz: „Sie hat mich nie geliebt!"

Nun macht auch noch sein Sohn ihm große Sorgen,
denn dieser hatte tatsächlich gewagt,
die Scheiterhaufenparty heute Morgen
zu stör'n durch einen staatsfeindlichen Akt!

Er hat für Bürgerrecht gekämpft verbissen,
sodass der Hofstaat dran gehindert war,
den Massenmord in Ruhe zu genießen,
was unhöflich vom Sohn war ganz und gar!

Der Prinz hat da noch einen Kameraden,
der auch politisch seiner Meinung ist.
Doch das ist für den guten Mann zum Schaden,
weil man ihn deshalb kurzerhand erschießt.

Ein Kirchenfürst hat fest darauf bestanden,
dass der Monarch ihn um die Ecke bringt.
Man sieht: Da ist Gerechtigkeit vorhanden,
die einem schon Bewunderung abringt!

Grad will der König seinen Sohn auch killen,
da biegt schnell dessen Großvater ums Eck
und ruft: "Hört endlich auf mit diesen Spielen!"
und nimmt ihnen den Buben einfach weg.

Es ist ein echtes Hohelied von Tugend,
von Redlichkeit und menschlich edlem Geist,
von Werten, die dem Alter wie der Jugend
vor Augen führen, was Charakter heißt!

Drum, Volk, blick' auf zu den Persönlichkeiten
des Adels und der hohen Politik.
Moralisch waren die zu allen Zeiten
erhaben über jegliche Kritik!

25. AIDA
(Ägypten liegt an der Donau)

Oper in vier Akten
Text von Antonio Ghislanzoni
Uraufführung: 24. Dezember 1871, Dar El Opera Al Misria, Kairo

Die populärste Oper heißt „AIDA",
spielt auf dem afrikan'schen Kontinent
und zeigt wie viele andre Opern wieder
zuerst einmal, dass da ein Krieg entbrennt.

Ägyptens Heer, von Radames geführet,
kehrt siegreich heim, bejubelt mit Applaus,
wonach sich's freilich noch verkompliziert,
sonst wär' das Werk ja viel zu bald schon aus!

Der Held bekommt zunächst als Lohn vom König
die Kronprinzessin zugeteilt als Braut,
doch dies' Geschenk, es freut ihn doch recht wenig:
Er hat in eine andre sich verschaut!

Und, wie's die Bühnenlogik halt erfordert,
ist die, nach der die Oper ist benannt,
als Sklavin an Ägyptens Hof beordert
und stammt natürlich aus der Feinde Land.

Die Sach' blieb der Prinzessin nicht verborgen.
Die sagt sich jetzt, eine Stinkwut im Bauch:
*„Draus wird nix, dafür werde ich schon sorgen,
denn schließlich lieb' ich diesen Feschak auch!"*

Der arme Mann denkt nach: *„Wås soll i måchen?
Viel Möglichkeiten håb i net zur Wahl.
Die eine wär', i heirat' diesen Dråchen.
Und tua i's net, dann gibt's an Mordsskandal!"*

Beim Stelldichein des nachts sagt ihm sein Mädel:
„*Komm, reiß di z'såmm und låß uns fliehn von hier,
bevorst no die Prinzessin nimmst, du Blödel,
denn wånnst des tuast, kånnst wås erlebn von mir!*"

Nach kurzem Zögern nimmt er ihre Hände
und sagt entschlossen: „*Guat, dånn haun ma åb!*"
Sie singen ganz g'schwind ihr Duett zu Ende,
da kommt die Kronprinzessin und schreit: „*Stopp!*"

„*Verflixt!*", sagt er, „*des wär' so schön jetzt g'wesen:
A Åntrag: Wü'st mei Frau wer'n? Du sågst: Jå'!
Då muaß de gråd daherkumma, de Tschesn.
Jetzt renn' wenigstens du, i bleib hålt då!*"

Die Kronprinzessin gibt nicht auf indessen:
„*I rett' di*", sagt sie, „*wenn du mich nur liebst!*"
„*Um Gott's will'n, na*", sagt er, „*des kånnst vergessen,
und wånnst ma gånz Ägypten dazua gibst!*"

So wird er angeklagt denn als Verräter,
das Schicksal nimmt unhaltbar seinen Lauf.
Doch kriegt er im Gerichtssaal wenig später
bei der Verhandlung seinen Mund nicht auf.

Dem Urteil nach wird lebend er begraben,
doch eh' noch eingefügt der letzte Stein
und d' Hilfsarbeiter Feierabend haben,
schleicht sich noch die Aida g'schwind hinein.

„*Jö, Schatzilein*", sagt er, „*då bist jå wieder,
doch såg, wer håt di reinlåssn zu mir?*"
„*Jå woaßt*", sagt sie, „*de Maurer san net zwieda,
i håb hålt a weng g'flörtet mi'n Polier!*"

Schön singend geht das Pärchen ins Verderben
und lässt in der Gewissheit uns zurück:
Mit Verdis Klängen im Duett zu sterben,
ist ganz bestimmt das allerhöchste Glück!

26. OTELLO

Lyrisches Drama in vier Akten
Text von Arrigo Boito
nach William Shakespeares „Othello, the moor of Venice"
Uraufführung: 5. Februar 1887, Teatro alla Scala, Milano

Ein hoher Offizier mit dunkler Haut
hat sich in eine blonde Frau verschaut.
Des Mädchens Eltern aber sind dagegen,
hauptsächlich seiner schwarzen Farbe wegen,
worauf der Mann, so wie sich's halt gebührt,
sie kurzerhand vom Elternhaus entführt.
Sie heiraten, nehmen ein Boot und schippern
in Richtung zum Marinestützpunkt Zypern.
So nebenbei haut er mit seinem Heer
die Türkenflotte noch ganz schnell ins Meer.

Am Ziele dann werden die Flitterwochen
auf ganz brutale Weise unterbrochen,
denn unter den Soldaten ist ein Mann,
der diesen Mohren gar nicht leiden kann,
nachdem der ihn das letzte Mal doch glatt
bei der Beförd'rung übergangen hat.

Der so Zurückgesetzte sinnt auf Rache
und sagt: „Ich weiß auch schon, wie ich das mache:
Ich sag', dass seine Gattin akkurat
mit einem andren Mann ein Gspusi hat!"

Der Ehemann will das zunächst nicht glauben:
„Sie ist doch erst ganz frisch unter der Hauben!
Da wird so was doch nicht sogleich gescheh'n.
Auf jeden Fall will ich Beweise seh'n!"
Zumindest nagt an ihm jetzt schon der Zweifel.
Der Schurke sieht's und freut sich wie der Teufel.

Tatsächlich hat er, wie's der Zufall will,
kurz drauf mit seinem Opfer leichtes Spiel:
Der Mohr schleudert mit grimmiger Gebärde
ein Taschentuch von seiner Frau zur Erde.
Das spielt der abgrundböse Intrigant
mit List und Tücke nun in dessen Hand,
den er als Ehebrecher hingestellt hat,
(obwohl ihm der Beweis dafür gefehlt hat).
Der Mohr sieht seiner Liebe Unterpfand,
das Schnäuztuch, in des andren Mannes Hand!
Vor Kummer außer sich ruft er nach Rache.
Der Tod der Gattin ist beschloss'ne Sache.

Ein letztes Mal fragt er: „Wo ist das Tuch?"
Sie sagt: „Geh, wenn ich's eh die ganz' Zeit such'!
Was soll ich tun, ich kann's einfach nicht finden
und hab schon all's durchwühlt von vorn bis hinten!"

Am Abend schleicht er um ihr Bett herum,
küsst sie ganz zärtlich – und bringt sie dann um.
Dass sie danach noch singt, könnt' man entbehren,
denn das ist wirklich sehr schwer zu erklären!

Zu spät wird die Intrige aufgeklärt,
so richtig tragisch, wie sich das gehört.
Am End' sehn wir den Mohren mit sich ringen
und er beschließt, sich selbst auch umzubringen.

In dieser Oper gibt es recht viel Zoff
nur wegen eines kleinen Fetzerls Stoff.
Es sind doch stets die unscheinbarsten Sachen,
die dann die größten Scherereien machen.
Doch das ist gut, ich sag's ganz ungeniert,
sonst hätte das doch niemand komponiert!

27. FALSTAFF

Lyrische Komödie in drei Akten
Text von Arrigo Boito
nach William Shakespeares „The merry wives of Windsor"
Uraufführung: 9. Februar 1893, Teatro alla Scala, Milano

Wir kennen den Begriff der „Midlife-Krise"
und in der Praxis, da bedeutet diese
bei ält'ren Herren, dass zu guter Letzt
zuweilen manchmal der Verstand aussetzt,
besonders wenn auf hübsche, junge Frauen
sie anfangen, mit lüst'rem Blick zu schauen.

Die Opernkunst zeigt eine Variante,
die alles, was auf dem Gebiet man kannte
wie die Gesetze der Psychologie,
der Menschenseelenforscher Was und Wie,
die Regeln von den Torschlusspanik-Zwängen
in Wirklichkeit noch übertrifft um Längen:

Im Zentrum steht John Falstaff, vain and funny
(so eine Art Senioren-Don-Giovanni).
Er bildet sich doch allen Ernstes ein,
noch immer überaus begehrt zu sein,
obwohl doch seine allerbesten Tage
schon lange Zeit vorbei sind ohne Frage.

Nun hat der Gute es doch übertrieben
und gleichzeitig zwei Frauen angeschrieben.
Doch die sind clever und beschließen gleich:
„Wir spielen diesem Gecken einen Streich!"
So tappt der Mann denn auch zum ersten Male
ganz ohne dass er's merkt, in eine Falle.

Das Stelldichein im Hause von der einen
ist anfangs ein Erfolg, so will es scheinen.
Da kommt der Gatte unverhofft nach Haus,
für Falstaff sieht's auf einmal brenzlich aus.
Er kann mit Müh' und Not in einen engen
geflocht'nen Wäschekorb sich grad noch zwängen.

Der wird jetzt in die Themse rasch entleeret,
dem Liebesbrünstigen ein Bad bescheret.
Nun denkt man wohl: Ein Sir! Der ist doch klug
und hat von Frauen sicher jetzt genug!
Doch nein, er will ganz ohne Zeitverlieren
die Sache gleich ein zweites Mal probieren!

Und – Sigmund Freud lässt grüßen! – auch die Frauen
beginnen lustvoll danach auszuschauen,
wie man dem schon gedemütigten Mann
gleich noch einmal ein's überbraten kann:
Sie rüsten sich zum bitterbösen Streiche
zur Geisterstunde bei der alten Eiche.

Mit einem sommernachtstraumhaften Reigen,
da wollen sie es ihm so richtig zeigen!
Zu spät bemerkt er, dass in dunkler Nacht
er sich vor allem Volk zum Trottel macht.
Da geht ihm jetzt allmählich doch ein Licht auf.
Er sagt: „Jetzt hör' ich mit der Weibersg'schicht auf!

Ich bin den Frauen auf den Leim gegangen.
Warum hab ich mir das nur angefangen?
Ich schwöre es, ich renn' jetzt nimmermehr
den Frauenzimmern gar so hinterher.
Bist du gelähmt – die hab'n es mir gegeben.
Das merk ich mir jetzt für mein ganzes Leben!"

Soweit Sir John. Für mich will ich ganz offen,
wenn's einmal dann so weit ist, wirklich hoffen,
dass ich begreife: Meine Zeit ist um
und nicht die ganze Welt um mich herum
mir's zeigt, während ich selbst es nicht erkenne
und mich noch auf dem Höhepunkte wähne!

Worum's auch immer geht, sich's zu gestehen:
„Es muss die beste Zeit einmal vergehen!"
ist hart, doch sei'n wir deshalb nicht erbost!
Die Schlussworte des FALSTAFF bieten Trost:
Demnach kann es ja ganz so schlimm nicht werden,
es heißt, dass alles Spaß ist hier auf Erden!

Der Autor

Rudolf Wallner, geboren am 22. April 1946 in Strobl am Wolfgangsee, war als Techniker, Literat, Zeichner, Stadtführer und Dolmetscher tätig, ehe er sich ganz auf die Musik konzentrierte. Er ist ausgebildeter Opernsänger und hat innerhalb von 25 Jahren Einführungsvorträge zu über 200 Bühnenwerken, unter anderem bei den Salzburger Festspielen, gehalten. Durch die Leitung von Musikstudienreisen in etwa 40 Länder der Welt – von Finnland bis Australien – mit dem gemeinsamen Erarbeiten der verschiedenen Werke, lässt er seine profunde Kenntnis der Materie seit Jahren auch einem größeren Kreis von Musikbegeisterten zugute kommen. Der vorliegende Gedichtband ist ein erstes „Nebenprodukt" dieser Tätigkeit.

Inhaltsverzeichnis

Vorwort 5

1. Oberto, Conte di San Bonifacio 7
2. Un Giorno di Regno 9
3. Nabucco 12
4. I Lombardi alla Prima Crociata 14
5. Ernani (Die nummerierten Freier) 17
6. I due Foscari 20
7. Giovanna d'Arco 22
8. Alzira 24
9. Attila 26
10. Macbeth 29
11. I Masnadieri 31
12. Il Corsaro 33
13. La Battaglia di Legnano 37
14. Luisa Miller 38
15. Stiffelio 41
16. Rigoletto 43
17. Il Trovatore 46
18. La Traviata 49
19. Les Vêpres Siciliennes 51
20. Simon Boccanegra 53
21. Aroldo 56
22. Un Ballo in Maschera
    (Handlungsschauplatz: Wien) 59
23. La Forza del Destino 62
24. Don Carlos 65
25. Aida (Ägypten liegt an der Donau) 68
26. Otello 71
27. Falstaff 73

Der Autor 76

Das war also der komplette „Schmunzel-Verdi"!
Wie im Vorwort zu diesem Buch erwähnt, soll es ein erster Schritt zu einem umfassenden dichterischen Opernführer sein. Dass der Autor auch andere Komponisten bereits sehr konkret aufs Korn genommen hat, soll hier am Ende noch kurz erwähnt – und gleich mit zwei Beispielen belegt werden, und zwar mit je einem Auszug aus dem im Entstehen begriffenen „Schmunzel-Wagner" bzw. „Schmunzel-Puccini".

Dies heißt also: Fortsetzung folgt (so Gott will)!

Richard Wagner:
DER FLIEGENDE HOLLÄNDER

Romantische Oper in drei Akten
Text vom Komponisten
nach Heinrich Heines „Memoiren des Herrn von Schnabelewopski"
Uraufführung: 2. Jänner 1843, Hofoper Dresden

Ein Mädchen sah in einem Märchenbuche
das Bild von einem furchtbar düst'ren Mann.
**„Wånn koana den erlöst von diesem Fluche,
werd's i tuan!"**, rief sie – und 's Malheur begann.

Nun war das Mädchen aus dem hohen Norden
zunächst mit einem Jägersmann liiert,
doch ist aus der Verbindung nichts geworden,
denn plötzlich ist da Folgendes passiert:

Ihr Papa kam nach Haus' von langer Reise
und brachte einen Gast mit auf Besuch.
Das Kind bekam gleich Wallungen, ganz heiße:
Es war der Onkel aus dem Märchenbuch!

Der Vater sprach: „Schnell, richt das Gästezimmer
**und häng di drån, des is a Månn von Welt.
Beeil di, die Gelegenheit kriagst nimmer.
Er ist zwar Ausländer, doch er hat Geld!"**

Die Kleine war ganz in den Mann verschossen
und hat deshalb – eigentlich unerhört! –
nach wenigen Minuten schon beschlossen,
dass sie dem Fremden ew'ge Treue schwört.

Als das dem Jägersburschen kam zu Ohren,
war der natürlich furchtbar außer sich.
Die Eifersucht begann in ihm zu bohren
und er beklagte sich gar bitterlich:

„Dåss mia zwoa heiratn, wår doch beschlossn.
Jå, såg, wås fållt da denn auf oamoi ei?
Wegn so an Zombie wüllst mi jetzt verlåssn?
I glaub, du spinnst, des derf jå do net sei!"

Der andre lauschte hinterm Haus verborgen
und hat daher den Streit mit angehört,
trat vor und rief: „Es måcht's ma vielleicht Sorgen.
Kaum gfundn, is mei Glück wieder zerstört!"

„Na guat", sprach er, „i wüll's eng net verhehlen,
wer i in Woaheit bin, wia's um mi steht."
Und er begann ein G'schichterl zu erzählen
von seiner wirklichen Identität:

„I bin Agent, mi'n Schiff stets auf der Achsen
vom holländischen Seefahrerverbånd
und leb då Jåhr und Tåg auf dera Kraxn,
geh ålle sieben Jåhr nur kurz an Lånd.

Des san die oanzigen Gelegenheiten,
a Frau z'kriagn, so is meines Schicksals Lauf.
Gråd hätt i wieder g'hofft, doch - Herrschåftsseiten! -
es wird scho wieda nix, jetzt gib i's auf!"

Er stürmte auf sein Boot, löste die Leinen
und steuerte hinaus aufs off'ne Meer.
Das Mädchen fing verzweifelt an zu weinen
und lief zum Ufer hin, ihm hinterher.

„He, wårt!", rief sie, nachdem er sich entfernt hat,
„preis deinen Engel und auch sein Gebot!"
Und weil sie 's Schwimmen nie so richtig g'lernt hat,
war sie beim Sprung ins Wasser sofort tot.

Wenn man die Sache objektiv betrachtet,
zeigt die Geschichte von dem armen Kind,
dass Märchen, wenn man sie zu sehr beachtet,
doch alles andere als harmlos sind!

Giacomo Puccini:
MANON LESCAUT (oder „Die Flucht")

Oper in vier Akten
Text von Marco Praga, Domenico Oliva, Ruggiero Leoncavallo,
Luigi Illica, Giuseppe Giocosa und Giulio Ricordi
nach dem gleichnamigen Roman von Antoine Francois Prevost
Uraufführung: 1. Februar 1893, Teatro Regio Ducale, Torino

Ein Schmalzroman von Herrn **Abbé Prevost**
erzählt die Story der **Manon Lescaut**.
Und – welch ein Glück! – es fand sich auch ein Mann,
der mit einer **Vertonung** gleich begann.
Bald gab es eine zweite Version
und wenig später eine dritte schon.
Ich will bei e i n e r Variante bleiben
und die **P u c c i n i - O p e r** hier beschreiben.

Ein Mädchen, jung und lieblich anzuseh'n,
soll nach der Eltern Will'n ins Kloster geh'n,
doch ganz knapp vorher noch geschieht es dann,
dass ihr begegnet just ein fescher Mann.
Statt in die Klosterzelle einzuzieh'n,
beschließt sie, mit dem Burschen schnell zu **flieh'n**.

Soweit der Dinge Stand beim letzten Takte
am Ende von dem **ersten** der vier Akte.

Im zweiten ist sie die Mätresse dann
von einem stinkigreichen, alten Mann.
Da kommt ihr junger Freund, nur ein's im Sinn:
Er will zum zweiten Male mit ihr **flieh'n**.
„Ich nehm' noch schnell was mit so nebenbei!",
sagt sie, doch plötzlich kommt die Polizei.

Sie wird verhaftet bei dem letzten Takte
am Ende von dem **zweiten** der vier Akte.

Im dritten Akt sind wir beim Tage schon
von ihrer Auslandsdeportation.
Der junge Freund eilt zum Gefängnis hin.
Er will zum dritten Male mit ihr **flieh'n**.
Nachdem das scheitert, sind sie – siehe da! –
bald unterwegs nach Nordamerika.

Das ist die Lage nun beim letzten Takte
am Ende von dem **dritten** der vier Akte.

Im Schlussakt nun, da sehen wir das Paar
in einer Wüste in den USA.
Sie schleppen sich ganz müd' und schlapp dahin;
sie wollen jetzt zum vierten Male **flieh'n**.
Nachdem's kein Restaurant gibt weit und breit,
verhungern und verdursten sie zu zweit.

Sehr traurig ist der Stand beim letzten Takte
am Ende von der Oper **letztem** Akte.

**Das Werk ist musikalisch wirklich toll,
nur mein' ich, dass es anders heißen soll.
Ich hab' den rechten Titel lang gesucht:
Bei mir hieß' diese Oper nur „DIE FLUCHT"!,
wobei's grotesk ist, dass uns das entzückt,
obwohl dem Paar die Flucht ja gar nicht glückt!
Doch sind's ja stets die negativen Sachen,
die einer Oper wahren Reiz ausmachen!**